Geschäftliche Aktivitäten von Sch

Alexis Clotaire BASSOLE

Geschäftliche Aktivitäten von Schülerinnen und Schülern in den Ferien

ScienciaScripts

Imprint

Any brand names and product names mentioned in this book are subject to trademark, brand or patent protection and are trademarks or registered trademarks of their respective holders. The use of brand names, product names, common names, trade names, product descriptions etc. even without a particular marking in this work is in no way to be construed to mean that such names may be regarded as unrestricted in respect of trademark and brand protection legislation and could thus be used by anyone.

Cover image: www.ingimage.com

This book is a translation from the original published under ISBN 978-620-6-72467-4.

Publisher:
Sciencia Scripts
is a trademark of
Dodo Books Indian Ocean Ltd. and OmniScriptum S.R.L publishing group

120 High Road, East Finchley, London, N2 9ED, United Kingdom
Str. Armeneasca 28/1, office 1, Chisinau MD-2012, Republic of Moldova, Europe

ISBN: 978-620-8-20597-3

Copyright © Alexis Clotaire BASSOLE
Copyright © 2024 Dodo Books Indian Ocean Ltd. and OmniScriptum S.R.L publishing group

KOMMERZIELLE AKTIVITÄTEN FÜR SCHULKINDER WÄHREND DER FERIEN
UNTER DER AUFSICHT VON BASSOLE ALEXIS CLOTAIRE
DIAPA BRUNO, DIAPA KISWENDSIDA MARIE BENJAMIN, DIBGOLONGO FABIENNE, DJIGUEMDE SALIMATA, DORI ALICE, EBEGA AWIMSOMA, FOROGO RENAUD, GANSORE OUSSENI, GUIGMA OUSMANE, KABRE ANTOINETTE

DANKSAGUNGEN

Diese Arbeit wurde durch die Hilfe vieler Menschen ermöglicht. Wir möchten diese Gelegenheit nutzen, um ihnen unseren aufrichtigen Dank auszusprechen. Dr. Alexis Clotaire BASSOLE. Ihm ist es hauptsächlich zu verdanken, dass diese Arbeit abgeschlossen werden konnte. Sein Rat, seine Kritik, seine Empfehlungen und seine unschätzbare Hilfe haben diesen Bericht erst möglich gemacht. Über diese Betreuungsfunktion hinaus hat er uns mit seiner Geduld und ständigen Verfügbarkeit unterstützt. Bitte nehmen Sie unseren aufrichtigen Dank an.

Allen Lehrern des Fachbereichs Soziologie, die keine Mühen gescheut haben, uns während unserer Ausbildungsjahre gut zu betreuen.

Wir möchten uns auch bei unseren Ältesten auf dem Campus bedanken, die uns mit Rat und Tat zur Seite standen, was sehr hilfreich war.

Unser Dank gilt den verschiedenen staatlichen und nichtstaatlichen Organisationen, die uns ihr Vertrauen schenkten, indem sie uns ihre Türen für die Datenerhebung öffneten. Nicht zu vergessen sind auch all die Eltern und Schüler, die sich bereitwillig unsere Fragen anhörten und uns Antworten gaben.

Ihnen allen möchten wir danken.

Abschließend möchten wir uns bei unseren jeweiligen Familien für ihre unermüdliche Unterstützung bei der Erstellung dieses Dokuments herzlich bedanken.

EINFÜHRUNG

In allen Gesellschaften arbeiten Kinder auf die eine oder andere Weise, aber die Intensität und Art ihrer Arbeit variiert je nach ihren Lebensbedingungen. In den Industrieländern stellten Kinder zu Beginn der Industrialisierung im neunzehnten Jahrhundert einen beträchtlichen Teil der Arbeitskräfte in den jungen Industrien. Kinderarbeit ist ein anhaltendes Phänomen in Afrika im Allgemeinen und in Burkina Faso im Besonderen. Mehrere Studien haben gezeigt, dass Burkina Faso eine sehr hohe Kinderarbeitsquote aufweist. Nach Angaben des Institut National des Statistiques et de la Démographie (INSD) wird der Anteil der wirtschaftlich aktiven Kinder, die arbeiten, im Jahr 2022 bei 40,3 % liegen. So wurde ein rechtliches Instrumentarium zur Bekämpfung der Kinderarbeit geschaffen. Die Behörden haben auch das Arbeitsgesetzbuch von Burkina Faso überarbeitet, um die Kinderarbeit besser zu regeln. Trotz dieser Texte gibt es immer noch Kinderarbeit. Sie ist besonders in den städtischen Zentren zu beobachten, wo der informelle Sektor am stärksten entwickelt ist. Wir betrachten hier speziell die Stadt Ouagadougou. In den letzten Jahren hat die Zahl der Kinderarbeiter im Stadtzentrum von Ouagadougou deutlich zugenommen. Man muss nur durch die Viertel der Stadt gehen, um Kinder zu sehen, die als Kinderarbeiter tätig sind. Gewerbliche Tätigkeit kann als eine Art von Verhandlung definiert werden, bei der zwei Personen im Rahmen eines Marktaustauschs miteinander verhandeln. Sie besteht darin, durch die Lieferung von Waren und Dienstleistungen ein Einkommen zu erzielen. Alle sozialen Schichten sind an diesem Tätigkeitsbereich beteiligt. Unsere Aufmerksamkeit galt jedoch den Schulkindern, die in ihrer Freizeit zunehmend kommerziellen Aktivitäten nachgehen. Unser Thema ist also eine Analyse der kommerziellen Aktivitäten von Schulkindern während der Ferien in Ouagadougou. Dieses Thema hat eine lokale Dimension und ist ein Forschungsgebiet für Forscher, insbesondere für Soziologen. Für unsere Analyse haben wir uns daher für die sozialen, wirtschaftlichen und politischen Ursachen interessiert. Ziel unserer Studie ist es, ein tieferes Verständnis dieses Phänomens zu erlangen, das sich immer mehr ausbreitet. Wir haben festgestellt, dass viele Schulkinder während der Ferien mit einer breiten Palette von Gegenständen auf die Straßen der Stadt gehen, darunter Lebensmittel, Hygieneartikel, digitale Geräte und Kleidung. Angesichts dieser Sachlage haben wir uns die Frage nach den Ursachen für die kommerziellen Aktivitäten von Schülern gestellt. Daraus ergeben sich folgende Fragen: Was sind die sozialen Ursachen für die kommerziellen Aktivitäten von Schulkindern? Welches sind die wirtschaftlichen Ursachen für die kommerziellen Aktivitäten von Schülerinnen und Schülern? Welches sind die politischen Ursachen für die kommerziellen Aktivitäten von Schülern? Das Hauptziel dieser Studie ist es, die Ursachen der kommerziellen Aktivitäten von Schülern während der Ferien in Ouagadougou zu analysieren.

Konkret geht es darum: die sozialen Gründe zu verstehen, warum Schüler während der Ferien in Ouagadougou kommerziellen Aktivitäten nachgehen; die wirtschaftlichen Gründe aufzuzeigen, warum Schüler während der Ferien in Ouagadougou kommerziellen Aktivitäten nachgehen; die politischen Faktoren zu beschreiben, warum Schüler während der Ferien in Ouagadougou kommerziellen Aktivitäten nachgehen.

Die Analyse stützte sich auf Theorien wie den Funktionalismus der
T. Parsons und der methodologische Individualismus von R. BOUDON. Der Funktionalismus von T. Parsons geht davon aus, dass der soziale Akteur ständig auf der Suche nach Befriedigung ist, was ihn dazu veranlasst, rationale Entscheidungen zu treffen (MOUTOUSSE und RENOUAD, 2006).

Der methodologische Individualismus stützt sich auf zwei grundlegende Axiome: das Individuum als Bezugspunkt für die Erklärung sozialer Phänomene. Für BOUDON können "soziale Phänomene nur erklärt werden, wenn wir bei den Individuen, ihren Motivationen und ihren Handlungen ansetzen" (MONTOUSSE und RENOUARD, 2006. S.234) Die Rationalität der

Individuen. Für BOUDON ist "das Handeln eines Individuums rational, wenn es gute Gründe für sein Handeln hat". MONTOUSSE und RENOUARD, 2006. Er stimmt zu, dass Individuen strukturellen Zwängen unterworfen sind, aber für ihn können diese strukturellen Zwänge in keiner Weise ihre Handlungen bestimmen. Es bleibt die Folge einer individuellen Entscheidung. MONTOUSSE und RENOUARD, 2006.

Auf der Grundlage dieser Analysetheorien wäre es angebracht, eine semantische Umschreibung der Begriffe vorzunehmen, die in unseren Hypothesen in Beziehung zueinander stehen

Um dies zu erreichen, haben wir die Feldstudie mit einer gemischten Methode durchgeführt, d.h. quantitativ und qualitativ durch den Fragebogen und den Interviewleitfaden.

Das Buch ist in fünf (5) Kapitel unterteilt. Im ersten Kapitel geben wir einen Überblick über Kinderarbeit, im zweiten Kapitel beschreiben wir unser Untersuchungsgebiet. In Kapitel 3 zeigen wir die Situation der Haushalte und die gewerbliche Tätigkeit von Schulkindern. Im vierten Kapitel erforschen wir den beruflichen Status der Haushalte und die Verwaltung der Gewinne, die durch die CA von Schulkindern erzielt werden. Wir schließen mit Kapitel 5, in dem wir Lehrpläne und Gesetzestexte mit der kommerziellen Tätigkeit von Schülern in Verbindung bringen.

KAPITEL I
ÜBERBLICK ÜBER KINDERARBEIT

Der IAO zufolge wird Kinderarbeit häufig als Arbeit definiert, die Kinder ihrer Kindheit, ihres Potenzials und ihrer Würde beraubt und die ihrer körperlichen und geistigen Entwicklung schadet. Es handelt sich um Arbeit, die für Kinder geistig, körperlich, sozial oder moralisch gefährlich und schädlich ist und/oder ihre Schulbildung beeinträchtigt, indem sie ihnen die Möglichkeit zum Schulbesuch nimmt, sie zwingt, die Schule vorzeitig zu verlassen, oder sie zwingt, den Schulbesuch mit übermäßig langer und schwerer Arbeit zu verbinden. Die IAO definiert Kinderarbeit als den Anteil der wirtschaftlichen Tätigkeiten, die von Kindern verrichtet werden, und es wird davon ausgegangen, dass sie für Kinder schädlich ist. Nach der IAO (2002) ist ein Kind wirtschaftlich aktiv, wenn es eine Markttätigkeit ausübt, d. h. eine Arbeit, deren Produkt für den Markt bestimmt ist. Die Definition von Kinderarbeit umfasst alle Tätigkeiten, deren Produktion für den Markt bestimmt ist, sowie die Herstellung von Waren für den persönlichen Verbrauch. Ebenso sind Kinder, die unbezahlte Arbeit verrichten, deren Produkt für den Markt bestimmt ist, wirtschaftlich aktiv. (UNICEF und Jacquemin, 2000).

Fukui (1996, 181) gibt eine umfassendere Definition von Kinderarbeit. Sie ist jede Tätigkeit, deren direkter oder indirekter Zweck es ist, die Verantwortung für das Leben zu übernehmen. Wenn diese Verantwortung auf dem Kind lastet, handelt es sich um Kinderarbeit.

Kinderarbeit umfasst alle Tätigkeiten, die von Kindern für ihre eigenen Zwecke oder die ihrer Familien ausgeführt werden (Save the Children, 2003).

Artikel 149 des Arbeitsgesetzes von Burkina Faso definiert Kinderarbeit als jede Arbeit, die für die Entwicklung und die Fortpflanzungsfähigkeit von Kindern schädlich sein kann (Gesetz Nr. 028-2008/AN).

I. Die industrielle Revolution und die Kinderarbeit

Die Industrielle Revolution ist ein historischer Prozess, der den Übergang von einer vorwiegend landwirtschaftlich und handwerklich geprägten Wirtschaft zu einer von der Industrie dominierten Wirtschaft mit sich brachte, wobei die Massenproduktion und die Mechanisierung in vielen Bereichen der Wirtschaft, von der Landwirtschaft bis zur Herstellung von Industriegütern, Einzug hielten. Diese industrielle Revolution begann in den 1770er und 1780er Jahren in England, bevor sie sich ab 1820 in Westeuropa ausbreitete. Mit dem Aufkommen der Industrie verstärkte sich das Phänomen der Kinderarbeit in den Fabriken. In dem Interview von Pauline Piettre mit Virginie DHELLEMMES (2011) wurden Kinder aufgrund ihrer geringen Größe beschäftigt, die es ihnen ermöglichte, sich in enge Gänge oder Ecken zu zwängen, die die Maschinen nicht erreichen konnten. Diese Kinder arbeiteten unter den gleichen Bedingungen wie Erwachsene, oft bis zu 15 Stunden am Tag. Angesichts des Ausmaßes des Problems versuchten mehrere Autoren, es zu bekämpfen. Claude FOHLEN (1973) stellt fest, dass die Behörden in Lancashire, England, 1784 einen Brief erhielten, in dem das Übel angeprangert wurde. Dies führte zur Einführung von Vorschriften zur Regelung der Kinderarbeit. Laut Virginie DHELLEMMES (2015) wurde in Frankreich das Mindestalter für Kinderarbeit 1841 auf 8 Jahre und 1874 auf 12 Jahre festgelegt.

Für die IAO (2019) ist die Abschaffung der Kinderarbeit einer der wichtigsten Grundsätze, auf denen die Organisation 1919 gegründet wurde. Das bedeutet, dass Kinderarbeit kein zeitgenössisches Thema ist, sondern bereits im 19. Jahrhundert von Autoren untersucht wurde. Im Rahmen der 100-jährigen Tätigkeit der IAO waren die Übereinkommen und Empfehlungen zur Regelung der Kinderarbeit die ersten rechtsverbindlichen internationalen Instrumente, die die Rechte des Kindes betreffen. Dies erklärt, welche Bedeutung die ersten Akteure der Organisation der Ausmerzung dieses Phänomens beimaßen. Heute liegt das Mindestalter in den Entwicklungsländern nach Angaben der IAO unter bestimmten Bedingungen bei 16 Jahren.

II. Die Situation der Kinderarbeit in Afrika

Kinderarbeit ist ein globales Problem der Menschen- und Arbeitsrechte. Sie beraubt Mädchen und Jungen ihres Rechts auf Kindheit und eine gute Ausbildung und verhindert, dass sie sicher und frei von Gefahren aufwachsen können. BAHRI und GENDREAU (2006) haben einige Arten von Arbeit aufgelistet, die Kinder verrichten. Zunächst stützen sie ihre Definition von Kinderarbeit auf einen traditionellen Aspekt. Im Mittelalter waren Kinder Helfer im Haushalt, wenn sie noch nicht die Kraft hatten, Landwirtschaft zu betreiben. Sie pflegten den Garten, hüteten Krokodile und Gänse und halfen ihren Müttern bei der Instandhaltung des Hauses. Sie verrichteten auch die niederen Arbeiten in den Werkstätten ihrer Väter. Diese Vorstellung von Arbeit lässt sich auf Afrika übertragen, indem man die Krokodile und Gänse durch Schafe, Ziegen und die Arbeit des Wasser- und Holzholens ersetzt... Dieser traditionelle Aspekt der Kinderarbeit kann auf den informellen städtischen Sektor ausgedehnt werden, wo das Kind im kleinen Familienbetrieb mitarbeitet (Nähen...), Restaurant, Werkstatt...).

Die Autoren zeigen weiter auf, wie sich die Kinderarbeit von ihrer traditionellen Form entfernt hat und durch die Geldwirtschaft, die zur Ausbeutung von Kindern führt, eine andere Form angenommen hat. Sie zitieren eine Reihe von Studien, in denen die Kinderarbeit eine andere Form angenommen hat. Jasminpflückerinnen in Ägypten, Kaffee- und Baumwollpflückerinnen in Simbabwe, Zuckerrohrpflückerinnen in Natal, Südafrika, und Fischer im Senegal. In der Studie werden auch Straßenarbeit, häusliche Ausbeutung, sexuelle Ausbeutung und Kindersoldaten erwähnt (BRISSET, 2000). Tausende von Kindern aus Burkina Faso und Mali, die in Côte d'Ivoire leben, werden als Kindersoldaten, als Leibeigene auf den Plantagen oder als Hausangestellte eingesetzt, wie aus der von HARSH 2001 durchgeführten Studie hervorgeht. In

Burkina Faso ergab eine Studie über Goldgräber in Essakane, dass 30 % der Arbeitskräfte Kinder waren.

III. Kinderarbeit in Burkina Faso Faso

Nach Angaben des Internationalen Arbeitsamtes (IAA) war die Kinderarbeitsquote in den afrikanischen Ländern südlich der Sahara im Jahr 2004 mit 26,4 % der arbeitenden Kinder zwischen 5 und 14 Jahren besonders hoch, verglichen mit 18,8 % in Asien.

Burkina Faso ist eines der afrikanischen Länder, in denen der Anteil der Kinderarbeiter mit 51 % sehr hoch ist. Im Jahr 2020 wurden laut dem nationalen Bericht über Menschenhandel 1.529 Opfer gezählt, darunter 1.487 Kinder (710 Mädchen und 777 Jungen). Diese Zahlen, die sich nur auf identifizierte Opfer beziehen, zeigen, dass diese Praxis noch immer weit verbreitet ist. Trotz der Mobilisierung internationaler Organisationen und nationaler Institutionen ist das Phänomen der Kinderarbeit auf den Goldwaschplätzen, insbesondere im Norden und Südwesten Burkina Fasos, noch deutlicher spürbar.2006 hat Burkina Faso laut INSD das ILO-Übereinkommen 182 über die schlimmsten Formen der Kinderarbeit am 25. Mai 2001 ratifiziert. Dieser grundlegende Text ist der jüngste über Kinderarbeit in ihren schlimmsten und unzulässigsten Formen. Der IAO zufolge gibt es zwei Arten von schlimmsten Formen der Kinderarbeit: "intrinsische schlimmste Formen", die von Natur aus inakzeptabel sind, und "gefährliche Arbeit", die auch aufgrund der Bedingungen, unter denen sie verrichtet wird, inakzeptabel ist.

IV. Kommerzielle Aktivitäten von Kindern

Während der Ferienzeit strömen Kinder in die Städte und Gemeinden, um die verschiedensten Dinge zu verkaufen. Dieses Phänomen hat das Interesse mehrerer Autoren geweckt, von denen sich einige mit den verschiedenen

Aktivitäten und andere mit den beteiligten Faktoren befasst haben. Allamine Mariam (2010) beklagt in ihrem Buch die wachsende Zahl von Kindern in der Stadt Yaoundé während der Ferien (Juni bis September). Dies ist kein Zufall, denn die Kinder sind auf den Straßen der Stadt aktiv. Sie beschreibt die verschiedenen Dienstleistungen, die von den Kindern angeboten werden, wie z. B. das Verhökern und Verkaufen verschiedener Waren, das Verkaufen von Zeitungen, das Schuhputzen usw. Sie veranschaulicht ihren Standpunkt anhand des Beispiels der Kinder in der Stadt Yaoundé. Sie veranschaulicht ihren Standpunkt am Beispiel eines 11-Jährigen, der Erdnüsse verkauft, und eines anderen, der seine Waren Autofahrern anbietet.

Einem Artikel von Libre Info (Dienstag, 02. August 2022) zufolge nutzen andere Schüler die Ferien, um sich in der Stadt Ouagadougou zu erholen, und üben kleine Tätigkeiten aus. Diese Straßenverkäufer verkaufen verschiedene Artikel wie Lebensmittel (Zitronen, Erdnüsse, Popcorn usw.). Diese Initiative wird häufig von Eltern ergriffen, die der Meinung sind, dass ihre Kinder alt genug sind, um bestimmte Aufgaben zu übernehmen. In ihrer Ausgabe vom 21. Juli 2021 stellt die Zeitung Wakat Séra fest, dass die kommerziellen Aktivitäten eine Möglichkeit sind, die Schüler während der Ferien zu beschäftigen, weist aber auch auf die Gefahr hin, dass sie negativen Auswirkungen wie Kriminalität und Drogenkonsum ausgesetzt sind. Doch was sind die Beweggründe für die Kinderarbeit?

V. Die Beweggründe für Kinderarbeit

1. Soziale Faktoren

Nach Angaben der Association Internationales des Démographes de Langue Française (AIDLF, 2006) ist die niedrige Einschulungsrate nach wie vor eine der Ursachen für Kinderarbeit. Aus der Studie geht hervor, dass jedes dritte Kind nicht zur Schule geht und dass 84 % der Kinder, die einer wirtschaftlichen

Tätigkeit nachgehen, nicht zur Schule gehen. Diese Quote zeigt, dass Kinder, die nicht zur Schule gehen, stark von der Arbeitswelt angezogen werden. Nach Bilampoa THIOMBIANO (1997) ist eine der Ursachen für Kinderarbeit der Mangel an Schulbildung. Da die Kinder nicht zur Schule gehen, kompensieren sie ihren Müßiggang mit einkommensschaffenden Maßnahmen, die oft nicht ihrem Alter entsprechen. Für Esaïe D. OKOU (2022) ist auch der Analphabetismus eine der Ursachen für Kinderarbeit. Seine Analyse zeigt, dass Kinderarbeit auf die Unkenntnis der Menschen über Kinderarbeit und ihre Rechte zurückzuführen ist. Er fügt hinzu: "Der Anteil der Menschen, die nie eine Schule besucht haben, ist sehr hoch, nämlich 70 % der Befragten", S. 479. Yacouba Diallo (2008) zufolge "steht das Bildungsniveau des Haushaltsvorstands in umgekehrtem Verhältnis zu den Chancen der Kinder, wirtschaftlich aktiv zu sein".

Kinderarbeit wird insbesondere in Afrika auch als Mittel zur Sozialisierung und Ausbildung von Kindern gesehen. Für die AIDLF (2006) wurde die Arbeit auf den Feldern und/oder im Haushalt als eine Möglichkeit angesehen, den Kindern Werte zu vermitteln und ihnen ein erfolgreiches Leben und eine leichte soziale Integration zu garantieren. In ähnlicher Weise betrachten einige Autoren Kinderarbeit als einen Prozess des Lernens und der sozialen Integration in vielen afrikanischen Gesellschaften. Dies veranlasst Yacouba DIALLO (2001) zu der Behauptung, dass "Kinderarbeit in der traditionellen Gesellschaft nach wie vor ein wichtiges Mittel der Sozialisierung ist", S.4. Nach Tongnooma ZONGO (2020) ist die Sozialisierung eine Ursache für Kinderarbeit. Für ihn lernen Kinder an der Seite von Erwachsenen, und die Tätigkeiten, an denen sie beteiligt sind, hängen von ihrem Alter und Geschlecht ab. Isaiah (2022) sagt, dass Arbeit für Kinder prägend ist und sie an die Arbeit und die Verantwortung gewöhnt, die ihnen in ihrem zukünftigen Leben zufallen wird, und fügt hinzu: "Jedes Kind, das als Arbeiter anerkannt wird, ist mit bestimmten Verantwortlichkeiten betraut" S.482. Wir können mit BONNET (1996) bestätigen, dass Bildung traditionell als eine Einführung in eine Lebens- und Arbeitsweise, in eine Geschichte und in soziale Strukturen verstanden wurde. Der ILO (2010) zufolge kann ungefährliche Kinderarbeit einen edlen Grund haben. Die Beteiligung von Kindern an ungefährlichen Tätigkeiten ist in der Tat dadurch motiviert, dass der Transfer von Fertigkeiten zwischen den Generationen gewährleistet ist, d. h. dass sie wichtige Techniken erlernen, die zu ihrem Überleben und ihrer Ernährungssicherheit beitragen. Nach DIAKITE Lamissa (2000) sehen die Eltern die Kinderarbeit als ein Mittel zur Bildung. Auf diese Weise wird das Kind schrittweise an den Beruf der Eltern herangeführt. Nach PASLEAU und SCHOPP (2002) ist die Hausarbeit von Kindern einfach eine Dienstleistung, die von einem Familienmitglied erbracht wird. Mit anderen Worten, die Hausarbeit lehrt die Kinder soziale Tugenden wie die gegenseitige Hilfe. Für D'ZOUZA (2010) ist sie ein Prozess der Ausbildung des Kindes für die soziale Integration. Diese Vision wurzelt in der Tradition, Kinder auf das künftige Leben vorzubereiten. Aus diesem Grund sollten Mädchen von klein auf lernen, zu kochen und zu putzen. Die Armut in der Familie oder im Haushalt ist einer der sozialen Faktoren, die Kinderarbeit begünstigen. Nach Ansicht der AIDLF (2006) ist Kinderarbeit eine Form der sozialen Unterstützung und Substitution. Es handelt sich um eine Form der "Neuordnung der Funktionen innerhalb der Familieneinheiten durch Betonung der Beteiligung aller", S. 993. Diese Strategie ermöglicht es jedem Mitglied, auch den Kindern, einen Beitrag zum Überleben der Familie zu leisten. BACYE Yisso Fidèle (2015) weist darauf hin, dass sich die Aktivität der Schüler durch die sozioökonomische Situation der Familie erklären lässt. Aufgrund mangelnder Ressourcen sind die Schüler meist gezwungen, einer Tätigkeit nachzugehen, um nicht nur einen Beitrag zum Lebensunterhalt der Familie zu leisten, sondern auch um ihre persönlichen Bedürfnisse zu befriedigen. Er fügt hinzu, dass "die Arbeit während des Studiums den Geist öffnet und in zweifacher Hinsicht zur Sozialisierung beiträgt". Mit anderen Worten: Wenn Studierende während ihres Studiums arbeiten, verbessern sie ihre Beschäftigungsfähigkeit. Wie Hermance BOLY (2013) in ihrer Untersuchung in Côte d'Ivoire feststellte, handelt es sich bei diesen sozialen Ursachen lediglich um soziodemografische Faktoren, die beispielsweise mit dem Haushaltsvorstand zusammenhängen. Die Familienoberhäupter bitten ihre Kinder, einen Teil der Arbeit zu übernehmen, vor allem wenn sie älter sind. Und Faktoren, die mit der Größe des Haushalts zusammenhängen: Je größer der Haushalt, desto mehr Kinder sind an der Hausarbeit beteiligt, um das tägliche Brot zu verdienen. Hannatou Hassane Ousmane (2009) fügt hinzu, dass die Hausarbeit der Kinder mit der Größe des Haushalts und der Unterlegenheit der Frauen zusammenhängt. Seiner Meinung nach werden Frauen in Niger als minderwertiger als Männer angesehen und müssen daher Hausarbeit leisten. Die Hausarbeit der Kinder hängt mit endogenen Faktoren wie sozialer Ausgrenzung, mangelnder Bildung der Eltern und dem Verlust der Eltern zusammen. Diese gehören zu den Ursachen, die Kinder zur Hausarbeit motivieren, sowie zu den exogenen Faktoren, d. h. den sozialen und wirtschaftlichen Ungleichheiten in den Familien und der Schuldknechtschaft (ILO, 2011). Für Esaïe D. OKOU (2022) ist die Bindung an bestimmte Überzeugungen oft der Grund, warum einige Kinder in den informellen Sektor gehen. So zeigt sich, dass 10 % der Zielbevölkerung auf Prophezeiungen, Prediger und Fetischisten zurückgreifen, um die beste Zukunft für ihre Kinder zu bestimmen.

2. Wirtschaftliche Faktoren

Die Verschlechterung der Lebensbedingungen in den Haushalten veranlasst einige Eltern, ihre Kinder in den Arbeitsmarkt zu schicken, um so zum Überleben der Familie beizutragen. Nach ADJIWANOU (2005) ist die Armut ein entscheidender Faktor für den Eintritt der Kinder in den informellen Sektor. Nach NIZIGIYIMANA (2003) ist die Armut die Ursache für ihre Arbeit. Im gleichen Sinne stellt ALLAMINE Mariam (2010) fest, dass "Kinderarbeit zu einer Überlebensstrategie für arme Familien geworden ist", S. 22. Für diese Kinder, deren Eltern nur über geringe Mittel verfügen, hilft ihre Arbeit den Eltern, ihre Schulausbildung zu bezahlen. Aus dem Artikel von Aïcha DRABO und Laurence TIANHOUN (LeFaso.net, 26. September 2018) geht hervor, dass "Schüler, die in den Ferien Handel treiben, ihre Eltern bei der Vorbereitung auf das neue Schuljahr unterstützen wollen". Laut Géneviève DETREZ (2015) ist Armut ein unbestreitbarer Grund, der Kinder dazu motiviert, sich an IGAs zu beteiligen, indem sie sich an Goldwaschplätzen anmelden, da diese von ihren Vätern als potenzielle Geldgeber für den täglichen Hunger der Familie angesehen werden. Nach Angaben der ILO (2011) ist Armut die Hauptursache für Kinderarbeit. Für diese Organisation stammen die meisten Kinder, die Hausarbeit leisten, aus armen Haushalten (Eltern). In Côte d'Ivoire schicken einkommensschwache Haushalte ihre Kinder als Hausangestellte in wohlhabende Haushalte, damit sie die Familie finanziell unterstützen können (BOLY, 2013). Diese Erklärung führt uns zurück zur Armut. Für Ousmane Hassane (2009) wird in einigen armen oder mittellosen Familien die Entsendung von Kindern zur Arbeit als eine Möglichkeit gesehen, ein Einkommen zu sichern oder zumindest die Ausgaben der Haushalte, zu denen sie gehören, zu reduzieren.

3. Politische Faktoren

Laut Géneviève DETREZ (2015) hat die den verschuldeten Ländern auferlegte Strukturanpassungspolitik, die externe Hilfen für die öffentlichen Ausgaben erfordert, deren Unterstützung reduziert, die zur Senkung der Schulgebühren beitrug. Infolgedessen gehen immer weniger Kinder zur Schule, weil sie zu teuer geworden ist. Für sie sind die Schule und ihre Schulden nicht der einzige Grund. Nach BRUKUTH (2004) führen das Bildungssystem und seine Funktionsweise dazu, dass Kinder die Schule abbrechen und leicht den Weg zur

Arbeit, in diesem Fall in den Bergbau, einschlagen. Mit anderen Worten: Der Mangel an Humankapital, die fehlende Anpassung der Bildungsinhalte an die aktuellen Bedürfnisse, die Durchlässigkeit der Infrastrukturen und der materiellen Ressourcen sowie der übermäßige Anstieg der Schulgebühren sind nur einige der Gründe, warum die Kinder die Schule zugunsten von IGAs verlassen.

In Burkina Faso arbeiten trotz der Schulpflicht viele Kinder tagsüber, anstatt zur Schule zu gehen, und nur wenige von ihnen besuchen Abendkurse. In den Goldminen sind viele Arbeiter unter fünfzehn (15) Jahre alt, manche sogar erst elf (11). Das Bildungssystem entspricht nicht den sozialen Gegebenheiten. Die Meinungen über Bildung gehen auseinander. Während andere von einer eintönigen Schulbildung sprechen, spricht NIZIGYIMANA (2003) von einer Krise des Bildungssystems. Nach Yacouba DIALLO tendiert die Schule manchmal dazu, zu einer Institution zu werden, die wenig Hoffnung und sozialen Aufstieg bietet. Es fehlt die Aussicht auf einen Abschluss, der zu einem Arbeitsplatz führt, was er als soziale Stagflation bezeichnet.

Dénis GUEU (2012) betont, dass die meisten Eltern die Rechte ihrer Kinder nicht kennen. Laut Dénis glauben die Ivorer, dass Kinder ihren Eltern gehören, die mit ihnen machen können, was sie wollen.

Unsere Literaturübersicht zeigt, dass Kinderarbeit mit der Industrialisierung im 18. Dieses Phänomen hat das Interesse vieler Autoren wie C. FHOLEN und internationaler Organisationen wie der IAO geweckt. In Afrika lässt sich das Phänomen durch die Beteiligung von Kindern an Familienunternehmen (Handel, Landwirtschaft usw.) beobachten. In den Städten ist die kommerzielle Aktivität der Kinder durch den Handel mit verschiedenen Artikeln zu beobachten, wie ALLAMINE M. hervorhebt. Die Autoren führen verschiedene Gründe an, um zu erklären, warum sich Kinder an diesen Tätigkeiten beteiligen, und zwar meist schon in jungen Jahren. Zunächst nennen die AIDLF, OKOU und THIOMBIANO den niedrigen Schulbesuch und den Analphabetismus als

Ursache, während die ILO und DIALLO Y die Sozialisierung und eine Form der Erziehung der Kinder, insbesondere in den meisten afrikanischen Ländern, anführen. OKOU fügt hinzu, dass die Bindung der Menschen an Prinzipien ein entscheidender Grund für Kinderarbeit ist. ALLAMINE M. und TIANHOUN usw. erwähnen die Armut als eine der Hauptursachen für die Veranlagung von Kindern zur Arbeit. Aus politischer Sicht schließlich sind die von DIALLO Y. und BRUKUTH genannten Ursachen das Bildungssystem, d. h. seine Unangemessenheit gegenüber den Realitäten und die mangelnde Kenntnis der Texte durch die meisten Eltern und arbeitenden Kinder.

KAPITEL II
VORSTELLUNG DES STUDIENFACHS

I. Räumliche Dimension

I.1. Geografische Lage des Studienortes

Wir haben unsere Studie in Ouagadougou durchgeführt. Ouagadougou ist das städtische Zentrum und die Hauptstadt von Burkina Faso. Sie ist nicht nur ein politisches Zentrum, sondern beherbergt auch zahlreiche Verwaltungs- und Handelseinrichtungen. Die Stadt Ouagadougou besteht aus 12 Bezirken und erstreckt sich über eine Fläche von 805 km2 (2023). Sie grenzt im Osten an die Region Centre-Est (Tenkodogo), im Süden an die Region Centre-South (Manga), im Norden an Ouahigouya und im Westen an Koudougou.

I.2. Begründung des Studienfachs

Abbildung 1: Geografische Karte der Stadt Ouagadougou

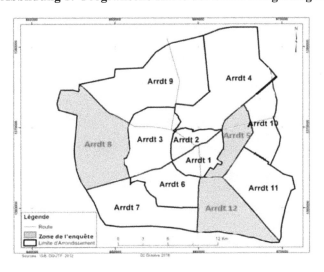

Ouagadougou ist die politische Hauptstadt von Burkina Faso mit einer hohen Bevölkerungskonzentration. Laut INSD 2019 betrug die Bevölkerung v o n Ouagadougou 2,5 Millionen und wird bis 2023 auf 2,8 Millionen geschätzt. Während der Ferien gehen viele Schulkinder kommerziellen Tätigkeiten nach. Marcoux (1994), der die Daten der demografischen Erhebung von Mali zur Untersuchung der Kinderarbeit verwendet, stellt fest, dass die landwirtschaftlichen und pastoralen Tätigkeiten, die zwar immer noch einen großen Teil der Kinder beschäftigen, in den städtischen Gebieten durch informelle Handels- und Dienstleistungstätigkeiten ersetzt worden zu sein scheinen, und dass die autonomen Tätigkeiten der Kinder in den Städten stärker ausgeprägt sind. Da sich unsere Studie auf die kommerziellen Aktivitäten von Schulkindern konzentriert, haben wir die Hauptstadt gewählt, um ein besseres Verständnis des Phänomens zu erhalten.

II. Vorübergehend

II.1. Erkundung

Um die Art und Weise, in der die kommerzielle Tätigkeit von Schülern von unseren Vorgängern betrachtet oder behandelt wurde, vollständig zu erforschen oder zu verstehen, haben wir vom 29. Juli bis zum 04. Oktober 2023 eine Literaturrecherche durchgeführt. Um herauszufinden, ob unsere Instrumente für unsere Zielpopulation geeignet sind, haben wir sie vom 19. bis 20. August 2023 an einer Population mit denselben Merkmalen wie der unseren getestet.

II.2. Die Studienpopulation

Unsere Studie konzentriert sich auf Kinder beiderlei Geschlechts im Alter zwischen sechs (6) und dreizehn (13) Jahren, die in der Grundschule eingeschrieben sind und während der Ferien in Ouagadougou kommerziellen

Aktivitäten nachgehen. Diese Population wurde ausgewählt, weil wenig über die Faktoren bekannt ist, die dieses Phänomen erklären. Um das Phänomen besser zu verstehen, haben wir uns an die Eltern der Schulkinder, die während der Ferien kommerziellen Tätigkeiten nachgehen, sowie an die wichtigsten Akteure im Bereich der Kinderproblematik gewandt (Ressourcenpersonen).

II.3. Konzeptionelle Dimensionen der Studie

II.3.1. Geschäftsaktivitäten

Die gewerbliche Tätigkeit wird durch das französische Handelsgesetzbuch definiert. Im Wesentlichen handelt es sich um den Erwerb von beweglichen oder unbeweglichen Gütern zum Zwecke des gewinnbringenden Weiterverkaufs sowie um den Verkauf bestimmter Dienstleistungen: Hotels, Restaurants, Unterhaltung, Transport, Vermietung usw. Es kann sich auch um die Ausübung von Handelsgeschäften handeln, aus denen der Gewerbetreibende einen direkten oder indirekten Gewinn zieht. Kaufleute können ihre Tätigkeit in Form eines Einzelunternehmens oder einer Gesellschaft (der Wirtschaftsprüfer) ausüben. Nach Gregory Reyes (2004) sind unter kaufmännischer Tätigkeit alle Praktiken zu verstehen, die als "kaufmännische Handlungen" bezeichnet werden: Verkauf und Marketing. Eine kaufmännische Tätigkeit dient der Entwicklung des Absatzes eines Unternehmens, unabhängig von seiner Rechtsform, im Einklang mit den gesetzten Zielen. Sie besteht in der Erzielung von Einnahmen aus der Lieferung von Waren. Ihr Ziel ist es, immer mehr Gewinn zu machen (der Gallische Ort). Im weitesten Sinne lässt sich die Handelstätigkeit als eine Form des Verhandelns definieren, bei der zwei Personen in einem kommerziellen Austausch interagieren. Es handelt sich um den Kauf und Weiterverkauf von Waren mit Gewinnabsicht. Sie erstreckt sich auch auf Geschäfte wie den Groß- und Einzelhandel mit Waren. Im Fall unserer Studie handelt es sich bei der kommerziellen Tätigkeit um den Straßenverkauf von Kleinartikeln mit dem Ziel, einen Gewinn zu erzielen.

II.3.2. Der Schuljunge

Nach Angaben der Banque de dépannage linguistique (BDL) stammt écolier vom niederlateinischen "scholaris" Schule, das wiederum vom klassischen lateinischen "schola" Schule abgeleitet ist. Écolier oder écolière bezieht sich speziell auf ein Kind, das eine Schule besucht. Nach dem BDL ist ein Schüler oder eine Schülerin eine Person, die unterrichtet wird, sowie ein Kind, das eine Schule besucht. Der Begriff écolier oder écolière wird auch im übertragenen Sinne verwendet, um eine Person zu bezeichnen, die nur wenig Erfahrung in einem bestimmten Bereich hat. In diesem Fall ist er ein Synonym für Lehrling.

Nach Angaben des Centre National de Ressources Textuelles et Lexicales (CNRTL) ist ein Schulkind ein Kind, das eine Vorschule oder eine Grundschule besucht.

Nach dem französischen Wörterbuch ist ein Schüler eine Person, die den Kindergarten oder die Grundschule besucht und dann in die Sekundarstufe wechselt.

Nach Maurice DEBESSE (1992) ist ein Schulkind jedes Kind zwischen 6 und 13 oder 14 Jahren, je nach Geschlecht, das eine Schule besucht. Für ihn ist praktisch jeder Schüler, der eine Schule besucht, ein Schulkind.

Diese verschiedenen Ansätze legen fest, dass ein Schulkind einfach jedes Kind ist, das eine Schule besucht, um eine Grundbildung zu erhalten, und dessen Alter je nach Geschlecht zwischen 6 und 13 oder 14 Jahren liegt, und nach dem Bildungsorientierungsgesetz von 2007 ist ein schulpflichtiges Kind zwischen sechs (6) und sechzehn (16) Jahren alt. Für die Zwecke unserer Studie ist ein Kind im schulpflichtigen Alter jedes Kind im Alter zwischen 6 und 13 Jahren, das die Grundschule besucht, unabhängig vom Geschlecht.

II.3.3. Die Ferien

Nach Furetières Universalwörterbuch (1690) ist die alte Definition von Vakanz das Fehlen eines rechtmäßigen Inhabers eines Amtes oder einer Leistung. Nach dem Larousse-Wörterbuch bezieht sich das Wort Vakanz im Singular auf die Zeit, in der ein Amt, eine Position oder ein Posten vorübergehend unbesetzt ist. ohne einen Amtsinhaber. Was die Philosophie betrifft, so sind die Ferien für die meisten von uns eine dringend benötigte Pause, um unsere Kräfte zu regenerieren, damit wir besser und effizienter an die Arbeit zurückkehren können.

Urlaub bedeutet, über eine freie, leere Zeit nachzudenken und sie zu gestalten, die weder eine Aufgabe noch eine Funktion hat und die im Übrigen seit 1936 bezahlte Zeit ist. Diese Zeit gehört uns, jedem einzelnen von uns. Jean VIARD 2015 in Le triomphe d'une utopie l'aube). Nach Ansicht des Tourismussoziologen Bertrand REAU (2011) "sind Ferien ein wesentlicher Hebel für die soziale Integration und das Lernen, was zur Überwindung der Kluft zwischen den sozialen Schichten beiträgt". Nach diesen Definitionen sind die Ferien ein Zeitraum, in dem sich der Arbeitnehmer von seiner üblichen Arbeit erholen kann und während dieser Zeit bezahlt wird. Im schulischen Bereich handelt es sich um Zeiten, in denen die Schulen geschlossen sind. Dieser Zeitraum wird durch einen vom Bildungsministerium erstellten Schulkalender festgelegt. Einige Schüler nutzen diese Zeit, um in Ferienlager zu fahren, bestimmte Ausbildungskurse zu besuchen oder Ausflüge zu unternehmen. Für andere ist es eine Gelegenheit, kleinen wirtschaftlichen Aktivitäten nachzugehen, z. B. Handel zu treiben, um einen Gewinn zu erzielen. Die Ferienzeit in unserer Studie ist ein dreimonatiger Zeitraum von Juli bis September, in dem die Einrichtungen geschlossen sind.

III. Probenahme

III.1. Probenahmeverfahren

Unsere Studie konzentrierte sich auf drei Bezirke in der Stadt Ouagadougou. Diese Auswahl wurde mit Hilfe der Methode der Cluster-Stichproben getroffen. Wir haben alle Bezirke in Ouagadougou aufgelistet und dann drei Bezirke per Los ausgewählt: 5, 8 und 12. Auf die gleiche Weise wurden die Stadtteile (Wemtenga, Zogona, Kalgondé, SIAO), das 8. Arrondissement (Bissighin, Bassinko) und das 12. Arrondissement (Patte d'oie, Trame d'Accueil) ausgewählt, in denen die Informationen gesammelt wurden.

Was den qualitativen Aspekt betrifft, so haben wir uns für eine begründete Auswahl entschieden. Wir haben keine Datenbank, und es gibt kein exklusives Verzeichnis unserer Zielgruppe, was unsere Wahl rechtfertigt. Wir haben daher 10 Schulkinder, die WT praktizieren, 10 Eltern, deren Kinder (Schulkinder) WT praktizieren, und 10 Personen, die über Ressourcen verfügen, ausgewählt.

Für den quantitativen Aspekt haben wir uns in Ermangelung einer Datenbank auf den Status der Schüler, die KT praktizieren, festgelegt. Aufgrund mangelnder finanzieller Mittel und der für die Studie zur Verfügung stehenden Zeit haben wir eine Stichprobe von 20 Schülern und 10 Eltern von Schülern, die KT praktizieren, ausgewählt.

III.2. Die Probe

Wir befragten 60 Personen, darunter 30 Schulkinder, 20 Eltern von Schulkindern und 10 Mitarbeiter. Für die qualitative Methode befragten wir 10 Schüler, 10 Eltern von Schülern und 10 Betreuer, insgesamt also 30 Personen. Bei der quantitativen Methode wurden 30 Personen befragt, d. h. 20 Schüler und 10 Eltern von Schulkindern.

Tabelle 1: Darstellung der Stichprobe

Befragte Personen	Fragebogen	Interview-Leitfaden	insgesamt
Schulkinder	20	10	30
Eltern von Schulkindern	10	10	20
Ressource Personen	00	10	10
Insgesamt	30	30	60

III.3. Methode und Instrumente zur Datenerhebung

Um die CA von Schulkindern besser zu verstehen und zu erklären, haben wir eine gemischte Methode angewandt, die qualitative und quantitative Forschung kombiniert. Wir verwendeten einen halbdirektiven Interviewleitfaden und einen Fragebogen. Der Interview-Leitfaden wurde an Schüler, Eltern von Schulkindern und Ressourcenpersonen ausgegeben. Einige der Befragten wurden mit einem Diktiergerät befragt, damit wir die Aussagen später in zusammengefasster Form transkribieren konnten. Die anderen wurden ohne Diktiergerät befragt. Für die Verwaltung des Fragebogens haben wir uns mit Schülern und Eltern von Schülern in mehreren Bezirken (5, 8 und 12) getroffen. Wir haben die Fragebögen selbst ausgefüllt, je nachdem, wie unsere Befragten geantwortet haben.

III.4. Wie funktioniert

Unsere Datenerhebung fand in den Arrondissements 5 (Wemtenga, Zogona, Kalgondé, SIAO), 8 (Bissighin, Bassinko) und 12 (Patte d'oie, Trame d'Accueil) der Stadt Ouagadougou im Zeitraum vom 21. bis 30. August 2023 statt. Um die Verständigung zwischen unseren Erhebungen und uns selbst zu erleichtern, haben wir die Interviewleitfäden und Fragebögen für Schüler und Eltern von

Schulkindern in Mooré und die Interviewleitfäden für Ressource-Personen in Französisch verfasst. Die durchschnittliche Dauer der Befragung von Schulkindern betrug 10 Minuten, die der Eltern von Schulkindern 20 Minuten. Die Ressourcenverantwortlichen brauchten mindestens 30 Minuten, um unsere Interviewleitfäden anzuwenden. Um die Informationsbeschaffung zu erleichtern, reisten wir in die durch unsere Stichprobentechnik ausgewählten Gebiete. Im Falle der Schulkinder zogen wir es vor, sie angesichts ihrer CAs und der Tatsache, dass sie Straßenverkäufer sind, an Bahnhöfen, Märkten und Yaars zu treffen.

III.6. Verarbeitung und Analyse der Daten

Wir haben unsere Daten in sechs Schritten verarbeitet:
- Klassifizierung: Wir haben die wesentlichen Einheiten inventarisiert;
- Kategorisierung: Wir haben Daten, die mehr oder weniger die gleiche Bedeutung haben, in Gruppen zusammengefasst;
- Erläuterung: Wir zeigten, erklärten und bewiesen, indem wir Statistiken für die quantitative Analyse und Geschichten für die qualitative Analyse verwendeten. Die gesammelten Daten wurden in Excel eingegeben und mit Hilfe von Diagrammen und Tabellen analysiert. Die von der Software erstellten Tabellen und Diagramme ermöglichten uns eine quantitative Analyse und die Geschichten unserer Befragten eine qualitative Analyse;
- Beschreibung: Wir haben die Situation genauer beschrieben und dargestellt;
- Analyse: Wir untersuchten und diskutierten unsere Daten im Zusammenhang mit der Literaturübersicht;
- Interpretation: Wir haben übersetzt, indem wir unsere Hypothesen aufgerufen haben, um zu sehen, ob sie bestätigt, widerlegt oder relativiert werden.

Um das Verhalten oder den Zusammenhang bestimmter Variablen zu ermitteln, haben wir uns für eine bivariate Analyse entschieden, bei der zwei Variablen hervorgehoben werden. Unsere Entscheidung für diese Art der Analyse wurde durch die allgemeine Analysetechnik, die für den Bericht verwendet wurde, gefestigt. Da das Thema als zentrale Einheit der Analyse gewählt wurde, wurde es mit bestimmten Variablen kombiniert. Diese Analyse ermöglichte es also, das Verhalten der abhängigen Variablen im Verhältnis zu den einzelnen unabhängigen Variablen darzustellen. Wir waren daran interessiert, die Beziehung zwischen unseren verschiedenen Variablen zu sehen.

KAPITEL III

HAUSHALTE UND GEWERBLICHE TÄTIGKEIT VON SCHULKINDERN

Soziale Faktoren stehen im Mittelpunkt jeder Studie, die sich mit Menschen und ihren Praktiken befasst. Sie beziehen sich auf alle Faktoren, die mit den Menschen und ihrer Gesellschaft zusammenhängen. In unserer Studie sind diese sozialen Faktoren wie folgt gegliedert: ein erster Abschnitt befasst sich mit der familiären Situation und ein zweiter mit dem Lebensstandard der Haushalte. Diese beiden Abschnitte bilden die Grundlage für unsere Analyse in diesem Kapitel.

I. Familiensituation

I.1. Größe der Haushalte

Abbildung 1: Haushaltsgröße

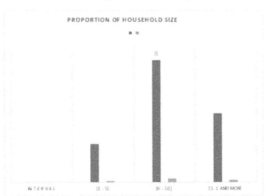

Quelle: Datenerhebung vom 21. bis 30. August 2023 in Ouagadougou

Dieses Diagramm gibt Aufschluss über die Anzahl der Personen in den Haushalten, aus denen unsere verschiedenen Befragten stammen. Sie zeigt, dass

Kinder aus Haushalten mit einer Haushaltsgröße von [1-5] 17 % und aus Haushalten mit einer Haushaltsgröße von [6 und mehr] 83 % unserer Stichprobe ausmachen. Die 83 % entsprechen 53 % der Familien mit einer Haushaltsgröße von [6-10] und 30 % der Familien mit einer Haushaltsgröße von [11 und mehr].

In unseren verschiedenen Interviews nannte die Mehrheit der Befragten die Haushaltsgröße als einen der Faktoren, die die Ausübung einer kommerziellen Tätigkeit durch Schulkinder erklären. Laut MI (Lehrerin, Interview vom 30.08.2023) "ermutigt die Schwierigkeit, sich um die Familie zu kümmern, insbesondere aufgrund der Haushaltsgröße, die Schulkinder dazu, in den Ferien kommerziellen Tätigkeiten nachzugehen, um ihre Bedürfnisse zu befriedigen, und oft, weil sie krank sind". Es gibt jedoch auch Befragte (Schulkinder) aus kleineren Familien, die ebenfalls kommerziellen Tätigkeiten nachgehen. IR (weiblich, 11 Jahre alt, CM1, Interview am 22.08.2023) sagte zum Beispiel, dass ihre Familie aus fünf Personen besteht.

Die von uns durchgeführte Studie zeigt, dass die Haushaltsgröße ein entscheidender Faktor ist. Tatsächlich stellen wir fest, dass in Familien, in denen mehr als fünf Personen leben, die meisten Schulkinder, die einer gewerblichen Tätigkeit nachgehen, aus diesen Haushalten in unserer Stichprobe stammen. Laut Hermance BOLY (2013) in ihrer Studie über Kinderarbeit gilt: Je größer der Haushalt, desto mehr Kinder sind der Arbeit ausgesetzt. Hannatou Hassane Ousmane (2009) fügt hinzu, dass die Hausarbeit von Kindern mit der Haushaltsgröße zusammenhängt. Wir können also sagen, dass die Kommentare der Autoren, auch wenn sie von unserem Kontext abweichen, mit unseren Ergebnissen aus der Praxis übereinstimmen, da sie alle die Haushaltsgröße als einen Faktor zur Erklärung der Kinderarbeit nennen. Die Studie von SOULAYMANOU Youssoufa (2001) stellt jedoch die Ergebnisse unserer Erhebung sowie die von Boly und HASSANE in Frage, wenn er feststellt, dass: "Die Wahrscheinlichkeit einer Erwerbstätigkeit ist bei Kindern, die in großen Familien leben, geringer". Es sei darauf hingewiesen, dass die Studie von

SOULAYMANOU im Jahr 2001 in Yaoundé (Kamerun) durchgeführt wurde und Kinder im Alter von 5 bis 14 Jahren betraf. Obwohl unsere Stichprobe (Alter) in der gleichen Größenordnung liegt wie die von SOULAYMANOU Youssoufa, ist zu beachten, dass diese Kinder nicht unbedingt alle Schulkinder waren. Auch der Studienort ist ein anderer, denn in unserem Fall wurde die Studie in der Stadt Ouagadougou und in verschiedenen Jahren durchgeführt. Dies erklärt, warum die Ergebnisse so unterschiedlich sind.

I.2- Der eheliche Güterstand der Haushalte

Schaubild 2: Anteil der Haushalte mit ehelichem Güterstand

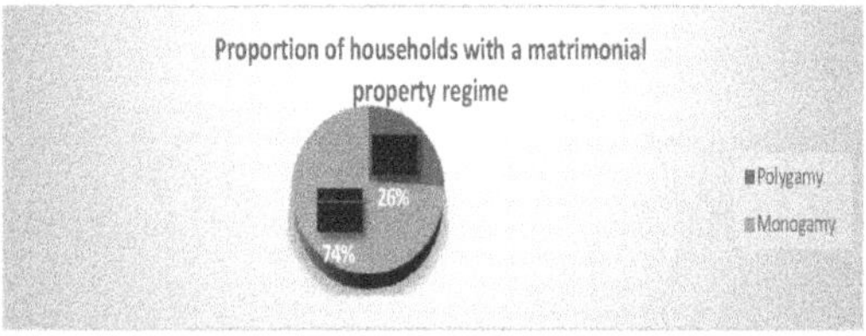

Proportion of households with a matrimonial property regime
- Polygamy
- Monogamy
- 26%
- 74%

Quelle: Datenerhebung vom 21. bis 30. August 2023 in Ouagadougou

Dieser Datensatz gibt Aufschluss über den Familienstand der Eltern von Schülern, die während der Ferien einer gewerblichen Tätigkeit nachgehen. 74 % der Eltern der Schulkinder waren monogam und 26 % polygam. Die 74 % entsprechen 30 % der befragten Eltern, die in einer monogamen Beziehung leben, und 44 % der Schüler, die angaben, dass ihr Vater nur eine Frau hatte. Außerdem waren 07 % der befragten Eltern polygam und 19 % der Schüler hatten polygame Eltern, was den 26 % entspricht.

Im Laufe unserer Interviews stellte sich heraus, dass einige Eltern monogam und andere polygam sind. Allerdings ist die Zahl der Schulkinder, die im Handel arbeiten und monogame Eltern haben, in der Mehrheit, wie im Fall von CL (weiblich, 11 Jahre alt, CM2, Interview am 28-08-2023), die sagte: "Meine Eltern sind verheiratet, monogam und leben zusammen..." und KO (weiblich, 36 Jahre alt, Händlerin, Interview am 24-08-2023), die behauptet, sie sei die einzige

Frau ihres Mannes. Und eine Minderheit der Eltern der Schulkinder sind Polygamisten. Zum Beispiel sagte OA (weiblich, Händlerin, Interview am 24-08-2023), dass "... mein Mann zwei Frauen hat..." Unsere Studie zeigt, dass Schüler aus monogamen Familien während der Ferien mehr an kommerziellen Aktivitäten beteiligt sind als solche aus polygamen Familien. Der Familienstand der Haushalte erlaubt es uns nicht, den Grund für die Aktivitäten der Schüler zu verstehen. Der Familienstand der Haushalte ist also kein entscheidender Faktor für die Erklärung der kommerziellen Aktivitäten der Schulkinder.

I.3- Familienstand

Abbildung 3: Familienstand des Haushaltsvorstands

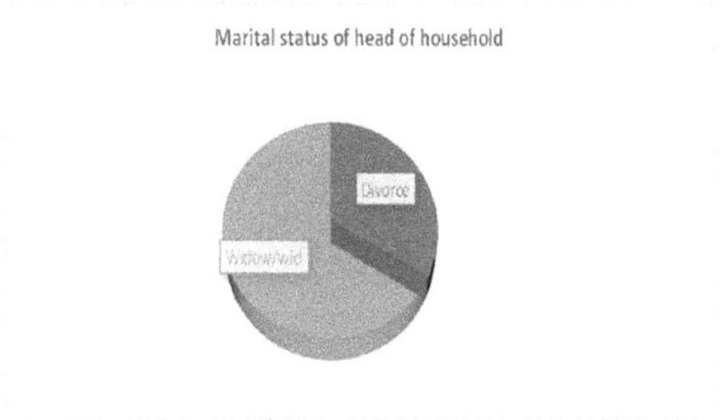

Marital status of head of household

Quelle: Datenerhebung vom 21. bis 30. August 2023 in Ouagadougou

Dieses Schaubild zeigt den Familienstand der Eltern von Schülern, die während der Ferien einer kommerziellen Tätigkeit nachgehen. Unsere Erhebungen zeigen, dass 40 % der Kinder, die an kommerziellen Aktivitäten beteiligt sind, aus geschiedenen Paaren stammen und dass 60 % dieser Schüler aus einer Familie (verwitwet oder verwitwet) stammen. In unserer Stichprobe von 30 Schülern leben 27 bei ihren Eltern, 02 kommen aus verwitweten Familien und 01 aus geschiedenen Familien. Wir schätzten daher, dass die 03 Personen 100% repräsentieren, von denen eine (01) Person 40% entspricht und die 60% sich auf die zwei (2) Personen beziehen. Für die mit dem Thema Kinderarbeit betrauten

Fachleute sind Kinder, deren Eltern geschieden oder verstorben sind, stärker von kommerziellen Aktivitäten betroffen. Laut BA (männlich, Sonderschulinspektor, Interview am 22.08.2023) sind Alleinerziehende in schwierigen Situationen und verwitwete Eltern die Ursache für Kinderarbeit.

Prüfung dieser Studie, aus der hervorgeht, dass der Familienstand des Haushaltsvorstands ein Schlüsselfaktor ist, wenn es darum geht zu verstehen, warum Schulkinder kommerziellen Tätigkeiten nachgehen. In Ein-Eltern-Familien, in denen die Eltern geschieden oder verstorben sind, sind die Schulkinder am meisten gefährdet. In dieser Situation sind sie gezwungen, einkommensschaffende Maßnahmen zu ergreifen, um für ihren Lebensunterhalt zu sorgen. Unsere Daten bestätigen die Angaben der IAO (2001), die behauptet, dass der Verlust der Eltern eine der Ursachen ist, die Kinder in die (Haus-)Arbeit treibt. Der Nationale Aktionsplan (2011-2015) folgt der gleichen Logik und zeigt, dass: "Wenn Kinder verlassen werden oder sich scheiden lassen, begünstigt dies die Aufnahme von Arbeit durch Kinder". SOULAYMANOU Youssoufa stellt auch fest, dass der Familienstand des Haushaltsvorstands einen Einfluss auf die Wahrscheinlichkeit hat, ob ein Kind arbeitet oder nicht. Dieses Ergebnis deckt sich mit unseren Daten. In einer Familie, in der das Familienoberhaupt eine Frau ist (geschieden oder verwitwet), ist sie nämlich häufig gezwungen, ihre Kinder aus Mangel an Mitteln einer Tätigkeit nachgehen zu lassen, um zu den Familienausgaben beizutragen. In diesem Zusammenhang weist Dumont (1980) darauf hin: "... die Arbeit der Kinder stellt einen wichtigen und unverzichtbaren Teil des Familieneinkommens dar... und dies umso mehr im Fall von Einelternfamilien". Auch wenn die Studien an verschiedenen Orten und in verschiedenen Jahren durchgeführt wurden, sind die Bevölkerungen doch mit denselben Realitäten konfrontiert.

II. Ebene des Lebens

II.1- Häufigkeit der täglichen Mahlzeiten

Tabelle 2: Aufschlüsselung der täglichen Mahlzeiten pro Haushalt

Aufschlüsselung der täglichen Mahlzeiten pro Haushalt		
Anzahl der Mahlzeiten	Haushalte	Frequenzen
1	1	3 %
2	9	30 %
3 und mehr	20	67 %
Insgesamt	30	100 %

Quelle: Datenerhebung vom 21. bis 30. August 2023 in Ouagadougou

Die Tabelle gibt einen Überblick über die Verteilung der Anzahl der täglichen Mahlzeiten pro Haushalt. In dieser Tabelle haben 33% der Haushalte eine (1) bis zwei (2) Mahlzeiten pro Tag und 67% der Haushalte haben drei (3) Mahlzeiten oder mehr. Von den 33% haben 03% der Haushalte eine (1) Mahlzeit pro Tag und 30% haben zwei (2) Mahlzeiten pro Tag.

Unsere Befragungen ergaben, dass die tägliche Häufigkeit der Mahlzeiten in den verschiedenen Haushalten zwischen einer und drei schwankt. Viele Befragte nehmen zwei bis drei Mahlzeiten pro Tag ein. Laut IR (weiblich, 11 Jahre alt, CM1, Interview am 22-08-2023) "essen wir zu Hause zweimal am Tag, wenn wir morgens essen, wenn nicht abends". Ebenso wie JD (männlich, Fahrschulleiter, Interview am 30-08-2023), der sagte: "Wir essen drei (3) Mahlzeiten am Tag". Einige wenige behaupten, dass sie nur einmal am Tag essen, wie das Schulkind SF (weiblich, 11 Jahre alt, CE1, Interview am 22-08-2023) behauptet: "Ich esse nur einmal am Tag".

Wenn man diesen Aspekt aufschlüsselt, stellt man fest, dass Schulkinder mit einer höheren Häufigkeit der täglichen Mahlzeiten stärker in kommerzielle

Aktivitäten eingebunden sind als solche mit einer geringeren Häufigkeit der Mahlzeiten. Hermance BOLY (2013) weist jedoch in ihrer Studie in Côte d'Ivoire darauf hin, dass Kinder Hausarbeit verrichten, um ihren täglichen Lebensunterhalt zu sichern. Diese Diskrepanz in den Ergebnissen unserer Studien lässt sich durch geografische und zeitliche Variationen erklären, die die Studienbedingungen, die Stichproben und die Umweltfaktoren beeinflussen und somit unterschiedliche Kontexte schaffen.

II.2- Zugang zu Gesundheitszentren

Abbildung 4: Anteil der Schulkinder mit Zugang zu einem Gesundheitszentrum

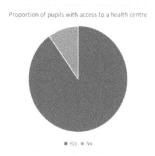

Quelle: Datenerhebung vom 21. bis 30. August 2023 in Ouagadougou

Das obige Diagramm zeigt die Anzahl der Schüler, die im Krankheitsfall Zugang zu einem Gesundheitszentrum haben bzw. nicht haben. Von insgesamt zwanzig (20) Schülern sind 18 (90 %) der Meinung, dass sie im Krankheitsfall Zugang zu einem Gesundheitszentrum haben, und 02 (10 %) haben keinen Zugang zu einem Gesundheitszentrum.

Die Mehrheit der Schüler gab an, Zugang zu einem Gesundheitszentrum zu haben. Die Worte der Schüler AO (weiblich, 10 Jahre, CM1, Interview am 21.08.2023) und CF (männlich, 13 Jahre, CM1, Interview am 21.08.2023) sind illustrativ: "... wenn wir krank sind, bringen sie (die Eltern) uns zum CSPS oder zum CHU". Auch für viele Eltern ist die Gesundheitsversorgung im Krankheitsfall ein Gewinn für ihre Familien, wie DJ (männlich, Fahrschulleiter, Interview am 30-08-2023) betont: "... Wenn ich krank bin, bringe ich meine Familie in die Klinik...".

Unsere Untersuchung ergab, dass die meisten Schüler, die kommerziellen Tätigkeiten nachgehen, im Krankheitsfall Zugang zu einem Gesundheitszentrum haben. Wir können daher sagen, dass der Zugang zu einem Gesundheitszentrum kein Grund ist, warum Schüler während der Ferien kommerziellen Aktivitäten nachgehen.

II.3- Verwaltung der Studiengebühren

Tabelle 3: Verwaltung der Schulgebühren

Verwaltung der Schulgebühren		
	Anzahl der Schüler	Frequenzen
Schulkinder	0	0 %
Vater	15	75
Mutter	3	15
Andere	2	10
Insgesamt	20	100

Quelle: Datenerhebung vom 21. bis 30. August 2023 in Ouagadougou

Die obige Tabelle zeigt den Anteil der Personen, die das Schulgeld für Schüler zahlen, die während der Ferien einer gewerblichen Tätigkeit nachgehen. Von diesen Personen entfallen 90 % auf die Eltern und 10 % auf andere Personen. Von den 90 % machen die Väter 75 % und die Mütter 15 % aus. Bei vielen

Eltern und Schülern wird das Schulgeld also von den Eltern gezahlt. DJ (45 Jahre, männlich, DG Fahrschule, Interview am 30.08.2023) sagte:"... Ich bin für die Gebühren, das Schulmaterial und andere schulbezogene Ausgaben zuständig...". Es wurde festgestellt, dass das Schulgeld von den Eltern bezahlt wird, nicht von ihren Aktivitäten. Dies erklärt nicht die kommerzielle Tätigkeit dieser Schüler. Durch ihre Geschäfte tragen sie jedoch zu den Schulkosten bei, wie BA (männlich, Sonderschulinspektor, Interview am 22.08.2023) sagte: "Sie helfen uns bei bestimmten Ausgaben". Joséphine WAOUNGO fügt hinzu, dass es nicht verwunderlich ist, dass Kinder (Schüler) arbeiten, um ihre Schulausbildung zu finanzieren. Außerdem erwähnt MARCOUX (1997), dass ein erheblicher Teil des Einkommens der Kinder direkt oder indirekt in das Familieneinkommen zurückfließt. Er kommt daher zu dem Schluss, dass die Arbeit von Schulkindern mit den übrigen Subsistenztätigkeiten der Gruppe, zu der sie gehören, verwechselt wird. In diesem Teil unseres Berichts verdeutlichen unsere Ergebnisse die Komplexität der sozialen Faktoren, die die Ausübung kommerzieller Tätigkeiten während der Ferien der Schulkinder beeinflussen. Die Größe des Haushalts und der Familienstand der Eltern können eine Rolle dabei spielen, inwieweit die Kinder in den Ferien kommerziellen Aktivitäten nachgehen. Es ist jedoch wichtig festzustellen, dass der Familienstand, die Häufigkeit der Mahlzeiten, der Zugang zu Gesundheitszentren und die Verwaltung des Schulgeldes bei weitem nicht die Hauptgründe dafür sind, dass Schulkinder in den Ferien kommerziellen Tätigkeiten nachgehen. Wir können daher sagen, dass unsere Hypothese eingeschränkt ist.

KAPITEL IV

DIE BERUFLICHE STELLUNG DER HAUSHALTE UND DIE VERWALTUNG DER AUS DEM FALL DER SCHULKINDER ERWACHSENDEN VORTEILE

In der Stadt Ouagadougou kommt es immer wieder vor, dass Schulkinder während der Ferien kommerziellen Aktivitäten nachgehen (CA). Neben sozialen Faktoren lässt sich dieses Phänomen auch durch wirtschaftliche Faktoren wie die Situation und den beruflichen Status der Eltern und die schulischen Anforderungen erklären.

I. Berufliche Stellung der Eltern von Schülern mit CA

Schaubild 5: Berufliche Stellung der Eltern von Schülern, die während der Ferien kommerzielle Aktivitäten ausüben

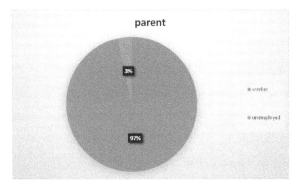

Quelle: Datenerhebung vom 21. bis 30. August 2023 in Ouagadougou

Nach der Analyse der Ergebnisse unserer Umfrage (Grafik 1 oben), die sich mit der beruflichen Situation der Eltern von Schulkindern befasst, die während der Ferien in der Stadt Ouagadougou kommerziellen Aktivitäten nachgehen, stellen wir fest, dass von den 30 Befragten 29 Eltern von Schulkindern, d.h. 97%, jeweils einen Arbeitsplatz haben und 01 Elternteil, d.h. 03%, arbeitslos ist.

Daraus lässt sich schließen, dass die Mehrheit der Schulkinder, die CA praktizieren, dies nicht tun, weil ihre Eltern nicht erwerbstätig sind. Dies könnte jedoch durch den Wunsch erklärt werden, die Eltern in ihrem Berufsfeld nachzuahmen. Wir können also sagen, dass die Nichterwerbstätigkeit der Eltern nicht der motivierende Faktor für diese Praxis ist. Dies wird auch von unseren Befragten bestätigt, die CA praktizieren. Es liegt nicht daran, dass ihre Eltern arbeitslos sind, sondern es ist eine Form der Sozialisierung, die Schulkinder schon früh zu wirtschaftlichen Akteuren macht. Dies ist die Ansicht von CL, einem 11-jährigen CM2-Schüler (Interview am 28. August 2023): "Meine Mutter hat mich in den Handel eingeführt, und mein Vater ermutigt mich auch". In die gleiche Richtung geht die Aussage der Befragten B.A. (Interview vom 21. bis 30. August 2023): "Es ist nicht gut, wenn Kinder zu Hause bei ihrer Mutter bleiben und nichts tun. Wenn man ihnen erlaubt, Gelegenheitsarbeiten zu verrichten, trägt das zur Reifung ihres Geistes bei. Außerdem helfen sie uns bei bestimmten Schulausgaben". Hinzu kommt die Meinung der Befragten ZS (Interview 2/08/2023): "Es bedeutet, dass das Kind nach der Schule, auch wenn es keinen Job im öffentlichen Dienst hat, im wirklichen Leben zurechtkommen kann". Unsere Befragten bestätigen die Aussage von Bonnet (1996), dass "diese Bildung traditionell als Einführung in eine Lebens- und Arbeitsweise, in eine Geschichte und in soziale Strukturen verstanden wurde". Damit wollen sie sagen, dass berufstätige Eltern den Müßiggang ihrer Kinder verabscheuen, der die Quelle bestimmter gesellschaftlicher Missstände sein kann.

All diese Aussagen lassen darauf schließen, dass die kommerzielle Tätigkeit von Schulkindern, die wir als Phänomen betrachten, nicht unbedingt durch die fehlende Erwerbstätigkeit der Eltern motiviert ist, aber wir stellen fest, dass der Besitz eines Arbeitsplatzes ein Motiv für diese Praxis zu sein scheint.

II. Berufliche Stellung der Eltern von Schulkindern in der CA III.

Abbildung 6: Berufliche Stellung der Eltern von Schulkindern mit unternehmerischer Tätigkeit

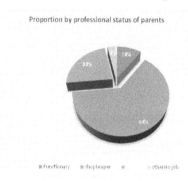

Quelle: Datenerhebung vom 21. bis 30. August 2023 in Ouagadougou

Dieses Schaubild gibt Aufschluss über die verschiedenen Kategorien von Berufen, die die Eltern der CA-Schüler in unserer Umfrage ausüben. Von den dreißig (30) Eltern von Schulkindern sind 19 oder 64% der Eltern Ladenbesitzer, 03 oder 10% sind Beamte, 07 oder 23% haben eine andere Art von Arbeit (Gartenarbeit, Landwirtschaft, Maurer, Schreiner, usw.) und 01 oder 3% sind arbeitslos. Diese Daten zeigen, dass die Mehrheit der Eltern von Schulkindern, die in CA arbeiten, im gewerblichen Sektor tätig sind. Die Eltern der Schüler in unserer Umfrage sind in einer Vielzahl von Tätigkeiten engagiert. Darunter sind Ladenbesitzer, die die Mehrheit der Eltern unserer Befragten ausmachen, Beamte, Landwirte, Zimmerleute, Maurer, Hausfrauen, usw. Darüber hinaus war ein (1) Elternteil arbeitslos. Die Analyse zeigt, dass in den meisten Fällen die Schulkinder in Abhängigkeit vom Tätigkeitsbereich der Eltern bei AC arbeiten. Dies erklärt den Einfluss der Eltern auf das Auftreten des Phänomens: Laut CF. 13, in der Klasse CM1 (Interview am 21. August 2023) "... mein Vater ist Händler, er verkauft Gebrauchtwagen. Meine Mutter ist auch Händlerin...".

Nach Ansicht einiger Eltern, darunter Z.S., 58 Jahre alt, Ladenbesitzer (Interview am 21.08.2023), "bedeutet das, dass das Kind nach der Schule, auch wenn es keinen Job im öffentlichen Dienst hat, im wirklichen Leben zurechtkommen kann". MI. Inspectrice du 1er degré (Interview am 30/08/2023) sagte: "Eltern, die selbständig sind, in diesem Fall im Handel, haben Kinder, die eher geneigt sind, eine kaufmännische Tätigkeit aufzunehmen". Diese Aussagen bestätigen das afrikanische Sprichwort, dass "die Eselin gebiert, damit ihr Rücken sich ausruhen kann..."). Mit anderen Worten: Kinder sollen ihre Eltern in ihrem Tätigkeitsfeld unterstützen. Nach DIAKITE Lamissa (2000) "wird Kinderarbeit von den Eltern als Mittel zur Erziehung verstanden. Auf diese Weise wird das Kind schrittweise in den Beruf der Eltern eingeführt". Die Aussage von Diakité über die CA von Kindern oder Schulkindern, die von den Eltern als eine Form der Einführung in den Beruf der Eltern wahrgenommen wird, ist relativiert worden. Denn sie konzentriert sich ausschließlich auf die Sozialisation des Kindes. Es ist also festzustellen, dass sich neben der Sozialisierung, die von Diakité in den 2000er Jahren als motivierender Faktor hervorgehoben wurde, zwei Jahrzehnte später die Situation geändert hat, wie aus den Berichten der oben genannten Befragten hervorgeht. Die Eltern tun ihr Bestes, um zu verhindern, dass ihre Kinder nach der Schule ihren Arbeitsplatz verlieren, indem sie sie schon sehr früh motivieren, ihre zumeist kommerziellen Tätigkeiten aufzunehmen. Schon sehr früh werden sie zu wirtschaftlichen Akteuren, die anstelle ihrer Familienangehörigen zur Familie beitragen.

IV. Verwendung der durch die CA der Schüler erzielten Gewinne

Schaubild 7: Anteil der für unternehmerische Tätigkeiten verwendeten Gewinne

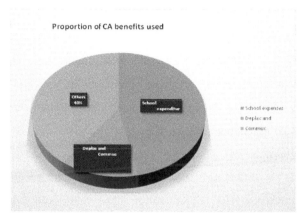

Quellen: Daten aus unserer Umfrage vom 21. bis 30. August 2023

Der Anteil der Verwendung der von den CAs generierten Leistungen ist gemäß der obigen Abbildung 3 wie folgt: 14 oder 47 % der befragten Schüler verwenden ihre Leistungen für Schulausgaben, 04 oder 13 % für Transport- und Kommunikationsmittel und 12 oder 40 % für andere Bedürfnisse wie Kleidung, Unterstützung der Familie usw. Diesen quantitativen Daten zufolge ist die Praxis des AC durch die Suche nach den besten Bedingungen für das Schulleben motiviert, aber auch persönliche Bedürfnisse und die Unterstützung der Familie werden berücksichtigt. Für die befragte C. F., 13 Jahre alt in der Klasse CM1 (Interview am 22.08.2023) "Ich kann mit jedem verkauften Artikel 50 oder 100 Francs verdienen, aber für die ganze Sache kann ich 2.000 Francs verdienen. Mit diesem Gewinn kaufe ich meine Schulsachen, aber auch alles, was ich essen möchte, Schuhe und sogar Kleidung. Z.S. (Befragung 21.08.2023) fügt hinzu: "... das wenige, was die Kinder verdienen, ist für ihr Taschengeld...". Diese Aussagen von Schülern bzw. Eltern lassen darauf schließen, dass die kommerziellen Aktivitäten von Schülern durch schulische, persönliche und familiäre Bedürfnisse motiviert sind. Aïcha DRABO und Laurence TIANHOUN (2018) stimmen dem zu und erklären, dass "Schüler, die in den Ferien Handel treiben, dies tun, um ihre Eltern bei der Vorbereitung auf das neue Schuljahr zu unterstützen". ALLAMINE Mariam (2010) fügt hinzu, dass "Kinderarbeit zu einer Überlebensstrategie für arme Familien geworden ist".

Indem wir die Mehrheitsdaten, d. h. die schulischen Bedürfnisse, mit den persönlichen und familiären Bedürfnissen in Einklang bringen und unsere Daten im Vergleich zu den Aussagen der Akteure analysieren, stellen wir fest, dass der Einsatz von CHWs durch Schulkinder ebenso durch das Bedürfnis nach besseren schulischen und familiären Lebensbedingungen motiviert ist. Der Einsatz von CHWs ist also nicht zufällig, sondern soll eine Lücke füllen, die die Worte von ADJIWANOU (2005) bestätigt: "Die Analyse der wirtschaftlichen Faktoren, d. h. der beruflichen Situation der Eltern, der schulischen Bedürfnisse und der persönlichen und familiären Bedürfnisse, zeigt, dass diese Faktoren das Ausmaß erklären, in dem sich Schulkinder in Ouagadougou während der Ferien mit AC beschäftigen. Einerseits zeigt sich, dass die Eltern im Hinblick auf die sozioökonomische Integration ihrer Kinder ihre Schulkinder dazu motivieren, in den Ferien kleinen kommerziellen Tätigkeiten nachzugehen, die trotz ihres jungen Alters ihren Einstieg in die Welt der wirtschaftlichen Akteure darstellen. Andererseits sind die schulischen, familiären und persönlichen Bedürfnisse, die als Folgen der Armut in den Haushalten angesehen werden können, die treibende Kraft für die Ausweitung dieses Phänomens. Zusammenfassend lässt sich unsere Hypothese bestätigen, dass die berufliche Situation der Eltern und die schulischen Bedürfnisse die kommerziellen Aktivitäten der Schulkinder während der Ferien erklären.

KAPITEL V

LEHRPLÄNE UND GESETZESTEXTE IN BEZUG AUF DIE KOMMERZIELLEN AKTIVITÄTEN VON SCHULKINDERN

Politische Faktoren sind einer der Gründe, warum Schulkinder in den Ferien CA nutzen. In diesem Kapitel werden wir die verschiedenen politischen Faktoren vorstellen, die Schüler zu dieser Praxis veranlassen, nämlich die Rechte der Kinder und das Bildungssystem.

I. Recht auf das Kind

I.1. Kenntnisstand über die Existenz von Rechtstexten

Tabelle 4: Kenntnis von Rechtstexten nach Befragten

Methoden Befragte Personen	Ja	Nein	Insgesamt
Schulkinder	3	17	20
Eltern	4	6	10
Insgesamt	7	23	30
Frequenz	33,3	66,7	100

Quelle: Datenerhebung vom 21. bis 30. August 2023 in Ouagadougou

Aus der obigen Tabelle geht hervor, dass 66,7 % der Befragten (Eltern und Schüler) keine Kenntnisse über die Gesetzestexte zur Kinderarbeit haben. Auf der anderen Seite hatten 33,3 % einige Kenntnisse über Kinderarbeit. Von den Befragten, die keine Kenntnis der Gesetzestexte über Kinderarbeit hatten, waren 74 % Schüler und 26 % Eltern von Schülern, die Kinderarbeit praktizieren. Von den Befragten, die mit den Rechtsvorschriften vertraut waren, waren 43 % Schüler und 57 % Eltern von Schulkindern. Aus unseren Interviews geht hervor, dass einige der Befragten von der Existenz von Gesetzestexten wissen. So sagte beispielsweise die Schülerin OA (weiblich, 10 Jahre, Klasse CM1, Interview am 21.08.2023): "Ja, ich habe von den Kinderrechten gehört, wie dem Recht auf Bildung, auf Gesundheit und auf einen Namen...". Der Elternteil eines BA-Schülers fügte hinzu: "Meiner Meinung nach haben Kinder Rechte wie das Recht auf Gesundheit und Bildung..." Interview vom 21-30/08/2923. Das Gleiche gilt für die Kontaktperson des POA (männlich, Leiter der DLTE-Abteilung, Interview vom 22.08.2023), die sagte: "Wir haben das Arbeitsgesetzbuch. Artikel 150 bis 156, ein Dekret von 2016, das gefährliche Arbeiten auflistet...". TP (männlich, 49 Jahre, Verwaltungsassistent, Interview am 28.08.2023) fügte hinzu: "Es gibt Gesetze, die Kinder schützen, Gesetze, die im Prinzip verhindern sollten, dass Kinder an Tätigkeiten beteiligt werden...". Andererseits wussten einige unserer Befragten nicht, dass es Gesetzestexte zur Kinderarbeit gibt, wie OK (männlich, 45 Jahre, Maurerlehrling, Interview vom 23/08/2023): "Ich kenne die Gesetzestexte nicht, da ich nicht lesen und schreiben kann". Die Schüler R1 (weiblich, 11 Jahre, Klasse CM1), Interview vom 22.08.2023, und R2 (weiblich, 11 Jahre, Klasse CM) 1 stimmen dem zu und sagen: "Wir kennen die Gesetzestexte über Kinderarbeit nicht". Umfrage vom 22/08/2023. Wir haben festgestellt, dass die Befragten (Schüler und Eltern von Schulkindern) behaupten, die Gesetzestexte über Kinderarbeit zu kennen, aber in Wirklichkeit kennen sie sie nicht. Vielmehr berufen sie sich auf die Rechte des Kindes, die sich von den Gesetzestexten zur Kinderarbeit unterscheiden. Unsere Studie zeigt, dass die Unkenntnis der Gesetzestexte einen Einfluss auf die Arbeit der Schulkinder hat. Tatsächlich kennt die Mehrheit der Schüler oder der Eltern, deren Kinder in der CA arbeiten, d. h. 66,7 %, die Gesetzestexte zur Kinderarbeit nicht. Dies deckt sich mit den Ausführungen von Dénis GUEU (2012), der betont, dass die meisten Eltern die Rechte der Kinder nicht kennen. Ihm zufolge glauben die Ivorer, dass die Kinder ihren Eltern gehören, die mit ihnen machen können, was sie wollen. Für andere entsprechen die Texte nicht unserer Realität. Diesbezüglich sagte die befragte Person MI (weiblich, ausgebildete Lehrerin, Interview vom 30.08.2023): "... die angenommenen Texte entsprechen nicht unserer Realität, sie werden meistens kopiert und haben Probleme mit der Anwendung". Esaïe D. OKOU (2022) stimmt dem zu und verweist auf die Unkenntnis einiger Eltern über Kinderarbeit und ihre Rechte. Er sagte: "Es scheint, dass die Kinderarbeit auf die Unkenntnis der Menschen über Kinderarbeit und ihre Rechte zurückzuführen ist".

I.2. Grad des Verständnisses für die Anwendung von Rechtstexten

Tabelle 7: Grad der Anwendung von Rechtstexten durch die SchülerInnen

Grad der Anwendung von Rechtstexten nach Einschätzung der mit diesen Texten vertrauten Schüler		
Modalität	Arbeitskräfte	%
Sehr gut	0	0
Fein	3	100
Überhaupt nicht	0	0
Insgesamt	3	100

Quelle: Datenerhebung vom 21. bis 30. August 2023 in Ouagadougou

Tabelle 8: Grad der Anwendung von Rechtstexten nach Angaben der Eltern von Schulkindern

Grad der Anwendung von Rechtstexten nach Ansicht der mit diesen Texten vertrauten Eltern		
Bedingungen und Konditionen	Arbeitskräfte	%
Sehr gut	0	0
Gut	2	50
Überhaupt nicht	2	50
Insgesamt	4	100

Quelle: Datenerhebung vom 21. bis 30. August 2023 in Ouagadougou

Die obigen Tabellen zeigen den Grad der Anwendung der Rechtstexte nach Meinung der Befragten. 50 % der Eltern und 100 % der Schüler, die von der Existenz von Rechtstexten zur Kinderarbeit wussten, bewerteten den Grad der Anwendung dieser Texte als gut. Die anderen 50 % der Eltern waren der Meinung, dass die Rechtsvorschriften überhaupt nicht angewandt werden. Laut der Schülerin OA (weiblich, 10 Jahre alt, Klasse CM1, Interview vom 22.08.2023): "... aber leider werden bestimmte Rechte von einigen Eltern nicht respektiert..." und TP (männlich, 49 Jahre alt, Verwaltungsangestellter): "... die Texte werden nicht ausreichend angewandt, dann hat die Einrichtung keine Maßnahmen oder Rahmenbedingungen geschaffen, die es diesen Kindern ermöglichen, sich auf gesunde Weise um sich selbst zu kümmern und an diesen Aktivitäten teilzunehmen", die Texte sind unbekannt und werden nicht ausreichend angewandt. In Anbetracht der obigen Ausführungen haben wir festgestellt, dass trotz des hohen Grades der Anwendung der Rechtstexte die CA von Schulkindern immer noch fortbesteht. Der Grund für das Fortbestehen der CA von Schülern ist, dass für einige die Arbeit von Schülern ein Mittel zur Erziehung ist. Für die AIDLF (2006) ist die Arbeit auf den Feldern und/oder im Haushalt eine Möglichkeit, den Kindern Werte zu vermitteln, eine Garantie für ein erfolgreiches Leben und eine einfache soziale Integration. Diese Aussagen werden von Yacouba DIALLO (2001) bekräftigt, der feststellt, dass "Kinderarbeit nach wie vor ein wichtiges Mittel der Sozialisierung in der traditionellen Gesellschaft ist". "Die Arbeit ist für das Kind prägend und gewöhnt es an die Arbeit und an die Verantwortung, die ihm in seinem zukünftigen Leben zufallen wird", fügt Esaïe D OKOU (2022) hinzu. Andere wiederum sehen in der Kinderarbeit eine Möglichkeit, die Kinder zu beschäftigen, um den Müßiggang zu vermeiden, der eine Quelle von Kriminalität und Banditentum ist. In diesem Zusammenhang behauptet Joséphine WOUANGO (2011), dass für einige Eltern die Arbeit ihrer Kinder eine Möglichkeit ist, sie zu kontrollieren. Sie zitiert einen Elternteil, der sagte: "Wenn Kinder zu Hause bleiben oder herumlaufen und nichts tun, werden sie am Ende zu Dieben. Es ist besser für sie, hier zu sein, damit wir sie im Auge behalten können". In diesem Sinne äußerte sich auch die Mutter eines OA-Schülers (weiblich, 47 Jahre, Interview am 24.08.2023): "Wir wollen nicht, dass sie wahllos umherwandern und zu Dieben werden. Müßiggang führt zu Diebstahl".

II. Bewertung des Bildungssystems

Tabelle 9: Bewertung des Bildungssystems durch die Schülerinnen und Schüler

Bedingungen und Konditionen Befragte Personen	Sehr zufriedenstellend	Zufriedenstellend	Unbefriedigend	Unbefriedend	Insgesamt
Schulkinder	8	7	5	0	20
Häufigkeit Schulkinder (%)	40	35	25	0	100
Häufigkeit der Zufriedenheit (%)	100			0	100

Quelle: Datenerhebung vom 21. bis 30. August 2023 in Ouagadougou

Tabelle 10: Bewertung des Bildungssystems durch die Eltern

Bedingungen und Konditionen Befragte Personen	Sehr zufriedenstellend	Zufriedenstellend	Unbefriedigend	Unbefriedend	Insgesamt
Eltern	1	4	2	3	10
Häufigkeit Elternteil (%)	10	40	20	30	100
Häufigkeit der Zufriedenheit (%)	70			30	100

Quelle: Datenerhebung vom 21. bis 30. August 2023 in Ouagadougou

Die obigen Tabellen beschreiben den Grad der Anwendung des Bildungssystems. Es zeigt sich, dass 100 % der befragten Schüler das Bildungssystem für zufriedenstellend halten, und 70 % der Eltern von Schülern halten es ebenfalls für zufriedenstellend, während 30 % es für nicht zufriedenstellend halten. Es muss gesagt werden, dass der Grad der Anwendung des Bildungssystems bei den Schülern höher ist als bei den Eltern von Schülern. Dieses hohe Maß an Wertschätzung ist darauf zurückzuführen, dass Schulkinder in ihrem jungen Alter noch nicht in der Lage sind, das System vollständig zu verstehen oder zu beurteilen. Daher gaben sie Antworten, um sich selbst zu befreien. Einige unserer Befragten finden das Bildungssystem unbefriedigend, wie die Mutter OF (weiblich, 58 Jahre alt und Ladenbesitzerin, befragt am 21/08/2023): "Es ist gut, aber es gibt keine Lehrlingsausbildung in den Handwerksberufen und es bietet keine Arbeitsplätze, abgesehen von Prüfungen". Einige der Befragten sind auch der Meinung, dass es nicht mit unserer Realität übereinstimmt, wie die TP-Ressource Person (männlich, 49 Jahre alt, Verwaltungsangestellter, Interview am 21.08.2023) zeigt: "Das Bildungssystem befindet sich an einem Scheideweg. Ich würde sagen, das System kriecht vor sich hin. Es hat den Anschluss an die Realität verloren. Es muss einfach überarbeitet werden. Es gibt ein Problem mit dem Lehrplan. Hätten die Institutionen Ausbildungspläne aufgestellt, so dass die Studenten in den Ferien entweder in die Praxis oder in die Industrie gehen könnten. Zweitens: Das Ziel der Bildung ist die volle Entfaltung des Individuums. Wenn sie die Schule abschließen und dann leider arbeitslos werden, dann hat das Bildungssystem seinen Zweck verfehlt". Am Ende dieser Studie können wir sagen, dass das Bildungssystem die Nutzung von CA durch die Schüler in den Ferien beeinflusst. In diesem Sinne verweist NIZIGYIMANA (2003) auf die Krise des Bildungssystems. Yacouba DIALLO fügt hinzu, dass die Schule manchmal dazu tendiert, zu einer Institution zu werden, die wenig Hoffnung oder sozialen Aufstieg bietet. Es fehlt die Aussicht auf einen Abschluss, der zu einem

Arbeitsplatz führt, was er als soziale Stagflation bezeichnet. Nach BRUKUTH (2004) führen das Bildungssystem und seine Funktionsweise dazu, dass Kinder von der Schule abgezogen werden und leicht den Weg zur Arbeit, in diesem Fall in den Bergbau, einschlagen. Der Mangel an Humankapital, die fehlende Anpassung der Bildungsinhalte an die aktuellen Bedürfnisse, die Durchlässigkeit der Infrastrukturen und der materiellen Ressourcen sowie der übermäßige Anstieg der Schulgebühren sind nur einige der Gründe, warum die Kinder die Schule zugunsten von IGAs verlassen. Für Géneviève DETREZ (2015) hat die den verschuldeten Ländern auferlegte Strukturanpassungspolitik, die externe Hilfe für die öffentlichen Ausgaben erfordert, zu einer Verringerung ihrer Unterstützung geführt, was zur Senkung der Schulgebühren beigetragen hat. Infolgedessen gehen immer weniger Kinder zur Schule, weil sie zu teuer geworden ist. Für sie sind die Schule und ihre Schulden nicht der einzige Grund. Auch die MFPTSS (2012) ist der Ansicht, dass die geringe Vergütung des Schulsystems die Kinder zum Arbeiten verleitet und stellt fest: "Die fertigen oder halbfertigen Produkte der Schule schaffen es nicht, eine Anstellung im öffentlichen Dienst oder in der Privatwirtschaft zu finden...", so dass einige Eltern der Meinung sind, dass der Schulbesuch ihres Kindes eine langfristige Investition ist, die sich wahrscheinlich nicht auszahlt. Sie ziehen es vor, ihre Kinder in der landwirtschaftlichen und pastoralen Arbeit einzusetzen. Für einige hat das Bildungssystem jedoch keinen Einfluss auf die Kinderarbeit. Darauf weist die Ressource AB (männlich, Sonderschulinspektor, Interview am 23/08/2023) hin: "Schulen bilden nicht unbedingt Bürokraten aus. Es gibt Zentren, die Menschen in Berufen ausbilden, wie die öffentliche Berufsschule Dr. Bruno BUCHWIESER, die ein österreichisch-burkinabèisches Exzentrum ist, das Landwirtschaftszentrum Bingo und so weiter. Sie sind selten und schwer zugänglich. Die Unzulänglichkeit des Bildungssystems trägt nicht dazu bei; es sind die Haushalte, die die Kinder zum Verkauf bringen". Am Ende unserer Analyse zeigt sich, dass die Unkenntnis der Gesetze und des Bildungssystems

Faktoren sind, die die kommerziellen Aktivitäten der Schulkinder während der Ferien bestimmen. Die Hypothese, dass die Unkenntnis der Gesetze und das Bildungssystem die kommerziellen Aktivitäten der Schüler während der Ferien bestimmen, kann also bestätigt werden.

SCHLUSSFOLGERUNG

Unser Thema waren die kommerziellen Aktivitäten von Schulkindern während der Ferien. Es handelt sich um ein aktuelles Phänomen, das vor allem in der Stadt Ouagadougou immer mehr um sich greift. Die massive Vertreibung der Stadtbevölkerung (36.426 Binnenvertriebene, darunter 11.462 Kinder über 5 Jahre, CONASUR, 28. Februar 2023) aufgrund der unsicheren Lage macht das Phänomen noch deutlicher. Obwohl es Gesetzestexte gibt, die die Kinderarbeit regeln (Artikel 149 des Arbeitsgesetzes besagt, dass Kinder und Jugendliche nicht zu Arbeiten herangezogen werden dürfen, die ihre Fortpflanzungsfähigkeit beeinträchtigen könnten, und Artikel 150 definiert den Begriff "Kind" als jede Person unter 18 Jahren), ist das Phänomen weit verbreitet, weshalb wir uns mit diesem Thema beschäftigt haben. Wir stellen fest, dass die Arbeit von Kindern während und/oder nach dem Schuljahr von verschiedenen Autoren allgemein analysiert worden ist. Unsere Studie konzentrierte sich auf die Frage, was Schulkinder zur Ausübung von WT veranlasst. Das Ziel dieser Studie war es, die Nutzung von WT durch Schulkinder während der Ferien in der Stadt Ouagadougou zu analysieren. In der Studie wurden mehrere wissenschaftliche Methoden verwendet, darunter auch die gemischte Methode. Unsere Ergebnisse verdeutlichen die Komplexität der sozialen Faktoren, die die kommerziellen Aktivitäten von Schulkindern in den Ferien in Ouagadougou beeinflussen. Die familiäre Situation der Haushalte hat einen Einfluss auf die Ausübung von CA durch die Schulkinder, aber es ist wichtig festzustellen, dass der Lebensstandard wenig über die Ausübung von kommerziellen Aktivitäten durch Schulkinder während der Ferien aussagt. Diese Hypothese ist daher eingeschränkt. Wir stellen außerdem fest, dass die berufliche Situation und die schulischen Bedürfnisse das Ausmaß der kommerziellen Aktivitäten von Schülern während der Ferien in Ouagadougou erklären. Einerseits scheinen die Eltern ihre Kinder (Schulkinder) im Interesse einer guten sozioökonomischen Integration trotz ihres jungen Alters zu kleinen kommerziellen Aktivitäten zu motivieren. Andererseits sind Bildungsbedürfnisse und andere Bedürfnisse, die als Folgen der Armut angesehen werden können, die treibende Kraft für die Ausweitung dieses Phänomens. Wir glauben also, dass unsere zweite Hypothese bestätigt wird. Schließlich zeigt die Studie, dass die Unkenntnis der Texte und die Unzulänglichkeit des Bildungssystems Faktoren sind, die die Ausübung kommerzieller Aktivitäten durch Schüler während der Ferien bestimmen. Folglich können wir sagen, dass die Unkenntnis der Texte und des Bildungssystems die kommerziellen Aktivitäten der Schüler während der Ferien bestimmen. In Anbetracht der obigen Ausführungen kommen wir zu dem Schluss, dass sozioökonomische und politische Faktoren die Nutzung von CAs durch Schulkinder während der Ferien in Burkina Faso in den letzten zehn Jahren erklären.

REFERENZEN

ADJIWANOU V: Impact de la pauvreté sur la scolarisation et le travail des enfants de 06-14 ans au Togo, Document de travail, Centre d'Études et de Recherche sur le Développement International and Unité de Recherche Démographique, Université de Lomé, 2005, 16 p.

AIDLF, Bevölkerung und Arbeit, demografische Dynamik und Aktivitäten. Internationales Kolloquium Aveiro (Portugal, 18-23 September 2006) PP 991-993.

ALLAMINE M; Le travail des enfants au Cameroun : cas de la ville de Yaoundé, Masterarbeit, Universität von Yaoundé (1952-2005).

BACYE Y, Fréquentation scolaire et travail des élèves : La problématique des performances scolaires des lycéens exercerçant une activité génératrice de revenus (AGR) dans la ville de BOROMO, Professional Master's thesis, 2015.

BAHRI & GENDREAU, Kinderarbeit im institutionellen Kontext Afrikas, ILO Genf (2010), S. 118

BOLY H (2013) **Les** déterminants du travail domestique des enfants dans l'unité familiale en Côte d'Ivoire: aspects extensifs et intensifs (2013) p 5-7.

BONNET M. Le travail des enfants en Afrique, In revue Internationale vol 132, n° 3, 1993, p411 Bréal, p234

BRUKUTH, Le travail des enfants, une revue de littérature économique récente, Université de Versailles Saint Quentin en Yvelines (UVSQ) 2004

DETREZ G, Travail des enfants dans les mines, 2015.

DIAKITE L, Analyse der Beteiligung von Kindern an landwirtschaftlichen Aktivitäten in den Regionen KOULIKORO, SIKASSO und SÉGOU; 2000.

DIALLO Y: Les activités des enfants en Afrique subsaharienne: Les enseignements des enquêtes sur le travail des enfants en Afrique de l'Ouest, p4, 2008,

DIALLO Y. Les déterminants du travail des enfants en Côte d'Ivoire,

Arbeitsdokument Nr. 55 (Bordeaux, Centre d'économie du développement, Université Montesquieu-Bordeaux IV, 2001)

D'ZOUZA. A (2010) Le travail domestique sur la voie du travail décent retrospective,

DURKHEIM, Über die Verteilung der gesellschaftlichen Arbeit, 1893.

DHELLEMMES V, PIETTRE P Travail des enfants, Transversalité 2011/4 (N° 120) p 101 à 110.

GUEU D, Kinderarbeit auf den Nachtmärkten von Abidjan. UFR Criminologie de Cocody, Abidjan, Côte d'Ivoire, 2012,

HASSANE. H. O (2003) Le travail d'aide domestique chez les petites filles de Maradi (Niger) : une étude exploratoire (2003) p 15-20

MOUTOUSSE M & RENAUD G, 100 fiches pour comprendre la sociologie, Paris, 2006.

KARL M, Lohnarbeit und Kapital, 1847

TIANHOUN L, Mariage précoce au Burkina: Le plaidoyer de SAVE THE CHILDREN pour son abandon, 2018.

NIZIGIYIMANA. J. B, Le travail des enfants, une réalité sociale dans le milieu rural burundais. Bujumbura. Institut de statistique et d'études économiques du Burundi, 2003.

VIARD J, Triumph einer Utopie, 2015 ED-L'AUBE.

UNICEF & JACQUEMIM (2000), Loi d'orientation de l'éducation, 2007

FUKUI, Warum wird Kinderarbeit toleriert? Der Fall Brasilien, 1996. GESETZ N° 028-2008/AN

SOULAMANOU Y, Recherche des déterminants du travail des enfants, 2001, S. 44. MARCOUX R, Des inactifs qui ne chôment pas une réflexion sur le travail des enfants en milieu urbain au Mali-Montréal: UM, 1994 - p23

MARCOUX R, 1997, Le travail un jeu d'enfant? À propos de la contribution des enfants à la subsistance des ménages au Mali, in ménages, familles en Afrique, S. 209.

FOHLEN. C (1973) révolution industrielle **et** travail des enfants in annales démographie historique (1973) p 319-325

PASKEAU S. SHOPP I. (2002) Domestic work and the informal economy, Bericht der Europäischen Kommission (cordis) URL:flp://FTP.cordis.europa.eu

ILO (2011) Fragen und Antworten zur verborgenen Realität von Hausangestellten mit Kindern, Artikel vom 21. August 2011

ILO, 2013, Messung der Fortschritte im Kampf gegen Kinderarbeit.

VIARD. J (2015) Triomphe d'une utopie édition l'aube (2015) p 444.

OKOU. E. D, Analyse des déterminants socioculturels du travail des enfants dans la commune d'Attécoubé à Abidjan en Côte d'Ivoire, 2022.

QUIVY R und L. V. COMPENHOUDT, 2017, Handbook of Social Science Research.

THIOMBIANO B, Le travail des enfants à Ouagadougou, Magisterarbeit, 1997.

WAKAT SERA. Ouagadougou: Schulkinder während des Schuljahres und Ladenbesitzer während der Ferien von BOUREIMA 26. Juli 2021

WOUANGO J. Travail des enfants et droits à l'éducation au Burkina Faso, L'exemple de la carrière de Pissy.

INHALTSVERZEICHNIS

DANKSAGUNGEN 2

KAPITEL I 6

KAPITEL II 17

KAPITEL III 26

KAPITEL IV 35

KAPITEL V 41

SCHLUSSFOLGERUNG 49

REFERENZEN 51

ZUSAMMENFASSUNG

Kommerzielle Aktivitäten von Schulkindern sind in Ouagadougou ein häufig auftretendes Phänomen, das auf mehrere Faktoren zurückzuführen ist. Unsere Studie hat es uns ermöglicht, die verschiedenen Beweggründe zu verstehen, die Schüler dazu bringen, sich an BCA zu beteiligen. Am Ende unserer Studie können wir sagen, dass die sozioökonomischen und politischen Faktoren die Ursachen für die Ausübung von KT durch Schulkinder während der Ferien in Ouagadougou sind.

Die für diese Arbeit verwendete Methode ist eine gemischte Methode, d. h. qualitativ und quantitativ. Es wurden ein Interviewleitfaden und ein Fragebogen erstellt, die den Zielgruppen vorgelegt wurden.

Was die sozialen Faktoren betrifft, so erklären Haushaltsgröße, Familienstand und Regime die Nutzung von CA durch Schulkinder während der Ferien.

Wirtschaftliche Faktoren wie der Beschäftigungsstatus und der Schulbedarf beeinflussen die Inspruchnahme von Ferienarbeit durch Schulkinder. Was die politischen Faktoren anbelangt, so sind die Unkenntnis der Gesetzestexte über Kinderarbeit und das Bildungssystem ausschlaggebend für die Anwendung von CA durch Schulkinder während der Ferien. Unsere Studie ermöglichte uns zu verstehen, dass die Kinderarbeit von Schulkindern auf soziokulturellen Werten beruht, die sich von der westlichen Auffassung von Kinderarbeit unterscheiden.

I want morebooks!

Buy your books fast and straightforward online - at one of world's fastest growing online book stores! Environmentally sound due to Print-on-Demand technologies.

Buy your books online at
www.morebooks.shop

Kaufen Sie Ihre Bücher schnell und unkompliziert online – auf einer der am schnellsten wachsenden Buchhandelsplattformen weltweit! Dank Print-On-Demand umwelt- und ressourcenschonend produziert.

Bücher schneller online kaufen
www.morebooks.shop

info@omniscriptum.com
www.omniscriptum.com

Milton Keynes UK
Ingram Content Group UK Ltd.
UKHW032223011124
450424UK00002B/479